Formação de professores para Educação de Jovens e Adultos

Dados Internacionais de Catalogação na Publicação (CIP)
(Câmara Brasileira do Livro, SP, Brasil)

Barcelos, Valdo
Formação de professores para educação de jovens e adultos / Valdo Barcelos. 6. ed. – Petrópolis, RJ : Vozes, 2014.

5ª reimpressão, 2025.

ISBN 978-85-326-3288-3

Bibliografia.

1. Educação de adultos 2. Jovens – Educação 3. Professores – Formação I. Título.

05-0230 CDD-374.007

Índices para catálogo sistemático:

1. Educação de jovens e adultos : Formação de professores 374.007
2. Formação de professores : Educação de jovens e adultos 374.007

Valdo Barcelos

Formação de professores para Educação de Jovens e Adultos

EDITORA
VOZES

Petrópolis

© 2006, Editora Vozes Ltda.
Rua Frei Luís, 100
25689-900 Petrópolis, RJ
www.vozes.com.br
Brasil

Editoração: Maria da Conceição Borba de Sousa
Diagramação: AG.SR Desenv. Gráfico
Capa: Marta Braiman

ISBN 978-85-326-3288-3

Este livro foi composto e impresso pela Editora Vozes Ltda.

Ofereço este livro à memória de
Admar Barcelos e *Anália Ferreira Barcelos*.
Ele, meu pai; ela, minha mãe.
Um homem e uma mulher que,
como tantos(as) outros(as) neste país,
não conheceram a boniteza de ler e
de escrever.

Sumário

Apresentação

O poeta amazonense Thiago de Mello, autor da célebre frase, "não tenho um caminho novo. O que eu tenho é um jeito novo de caminhar", nos proporciona algumas reflexões a respeito de nossa caminhada como educadores.

Caminhos, muitas vezes, fazem-nos pensar em surpresas, sustos, prazeres, conquistas, inquietações e até em uma parada para o descanso... Os aromas e os diferentes sons também estão presentes numa caminhada e é importante estarmos atentos a esses detalhes, porque podem nos apontar alguma indicação ou aviso.

Se estivermos acompanhados(as) podemos conhecer, também, outras histórias, desejos, alternativas, saberes e fazeres e, com isso, vamos nos tornando mais humanos e renovados.

Este livro nos fala um pouco dessa aventura que tanto nos surpreende e emociona: ser educador(a) de jovens e adultos.

É com muita satisfação que apresento o livro do Professor Valdo Barcelos, meu professor e amigo de alguns anos. Tive a oportunidade de ser sua aluna na graduação em Pedagogia, orientanda na Pós-graduação em Educação na Universidade Federal de Santa Maria e em diferentes projetos, artigos e palestras sobre Educação Ambiental.

Ao iniciar um trabalho como professora na alfabetização de jovens e adultos em uma escola estadual, conversei com o Professor Valdo sobre minhas inquietações, surpresas e emoções que diariamente, de alguma maneira, eu vivenciava. Era uma experiência nova, diferente dos trabalhos que já havia realizado e precisava compartilhar um pouco dessa história.

Os alunos e alunas eram adultos(as) cheios(as) de esperanças, medos, inseguranças e com muita vontade de aprender. Era preciso, também, que acreditassem nos saberes que possuíam para que pudéssemos dar início às trocas e aos diálogos, passo fundamental para o nosso crescimento.

Da conversa com o professor Valdo resultou um Projeto de Ensino, Pesquisa e Extensão em Educação Ambiental com o título: *Educação Ambiental e Educação de Jovens e Adultos – Ampliando espaços de cidadania e de inclusão*. Com esse projeto buscamos promover, junto ao grupo de alfabetizandos, a discussão de questões ambientais e relacioná-las ao processo de alfabetização.

Durante as ações do projeto os alunos e alunas eram, constantemente, desafiados em relação a seus conhecimentos: conversamos sobre o Negrinho do Pastoreio e o Boitatá, discutimos problemas sociais e políticos, socializamos e opinamos sobre notícias de jornais e revistas, imaginamos e construímos uma linda praça de convivência em Santa Maria, trocamos conhecimentos sobre os lugares que conhecíamos em nossa cidade, construímos cartazes, trabalhamos com músicas e fizemos uma longa viagem pelo Brasil, lembrando de fatos importantes que aconteceram nos diferentes estados. Foram momentos muito significativos compartilhados em sala de aula.

A leitura deste livro nos faz sentir um pouco dessa convivência prazerosa num trabalho voltado para a Educação de Jovens e Adultos. Através das vozes dos alunos e alunas podemos conhecer um pouco de suas histórias, vividas na infância e no cotidiano escolar, e da coragem em continuar suas lutas diárias para não desistirem e serem respeitados(as) no direito de aprender a ler e a escrever.

O livro *Formação de professores para Educação de Jovens e Adultos* nos fala, também, sobre o processo de formação do educador(a) de jovens e adultos, suas incertezas, limitações e a importância de repensar ações e atitudes que acontecem a cada dia e a cada experiência vivida. É um agradável convite a uma aventura cheia de riscos, surpresas e mistérios que ainda precisam ser conhecidos.

Que nessa caminhada estejamos sempre acompanhados de outros caminhantes, para que possamos contar e ouvir histórias sobre nossas relações diárias de amizade, compreensão, confiança e afetos.

Uma boa leitura!

Maria Aparecida Garcia Angonesi
Profa.-alfabetizadora de jovens e adultos

Introdução

Este livro trata da tentativa de começar a pagar um pouco da longa e histórica dívida que a sociedade brasileira tem para com uma enorme parcela de sua população. Refiro-me ao fato de ainda vivermos, em pleno terceiro milênio, num país em que milhares, milhões de homens e mulheres não partilham da beleza e da magia que é ler e escrever. O tema de que tratará este livro é a Educação de Jovens e Adultos (EJA) em geral e, em particular, da alfabetização.

Ofereço este livro ao educador Paulo Freire (1921-1997). Este que foi um pensador clássico no melhor sentido que se pode dar a esta expressão.

Para o pensador espanhol Miguel de Unamuno uma das maneiras de se comprovar a importância de um pensador e das suas ideias é se perceber que o mesmo tem palavras que continuam importantes e relevantes, a serem ditas a homens e mulheres que vivem e/ou viveram em épocas diferentes, até mesmo distantes. Mais ainda, se estes estiveram submetidos a processos históricos diversos ou até mesmo a concepções de vida conflitantes. Estou convencido de que o cidadão do mundo e educador de várias culturas, Paulo

Freire, é um destes exemplos de pertinência que atravessa épocas distintas e contempla diferentes concepções de mundo. Concepções que até podem ser conflitantes em muitos pontos. Porém, possíveis aliadas. Bastando, para isso, que estejam inconformadas com as injustiças sociais, econômicas, políticas. Enfim, façam parte do sentimento de desassossego e de revolta contra as diferentes formas de preconceito e de exclusão.

Uma destas formas de preconceito e de exclusão é, sem dúvida, a negação do direito de aprender a ler e a escrever. Estes motivos acho já serem fortes o suficiente para justificar a citação que abre este pequeno livro. Para completar, espero ser merecedor da oportunidade de arriscar-me a pensar, escrever, pesquisar sobre um tema tão caro a este que foi o maior educador brasileiro de todos os tempos: Paulo Freire.

Quero pedir desculpas, também, pelas citações que porventura deveria ter feito e que acabei não fazendo. Certamente que não o foi por arrogância, muito menos por "preguiça". Nos casos em que isto aconteceu credito ao fato de ser humano. Debito esta dívida ao inevitável fenômeno de que raramente somos originais em educação. Até porque muitas das contribuições advindas de grandes pensadores e intelectuais não decorre do seu ineditismo, mas, sim, da forma e/ou do momento como foram apresentadas.

Quero adiantar, já de início, que minha escrita no decorrer deste trabalho será em primeira pessoa, entre outras coisas, por não concordar com a ideia de que ao fazer ciência, produzir conhecimento e mesmo no ato de pensar o(a) autor(a) deva se anular, se esconder, diante daquilo que produz. Acredito ser esta uma das formas de triunfo da omissão intelectual frente à responsabilidade histórica sobre nossas ideias e ações. Fato, este, infelizmente ainda muito presente em certo tipo de intelectuais – ou melhor dizendo de funcionários e burocratas do conhecimento.

Um último alerta aos meus possíveis leitores e leitoras: não vejo o aprendizado da leitura e da escrita como algo redentor e capaz de resolver todos os problemas. Não são, elas, fins em si mesmas. Muito ao contrário. Se elas são alguma coisa, são começo. Começo de um reinventar-se, e, assim, uma possibilidade de (re)invenção do mundo. Mundo como um lugar social e ecologicamente mais justo. Um mundo onde homens e mulheres mais que seres históricos sejam compreendidos como a própria história. Neste sentido é que a vida de homens e mulheres se transforma em existência a partir do momento em que estes se dão conta de sua condição de seres que vivem em sociedade e, talvez, o mais importante, sintam-se capazes de mudarem-se a si mesmos num primeiro momento e a partir daí mudarem o mundo em que vivem.

Se por muito tempo convencionou-se dizer que homens e mulheres fazem a história cada vez mais se percebe que, muito mais que isto, estes homens e mulheres são a história (BARCELOS, 2001). É a partir desta invenção da história que a educação nasce e se constitui como componente decisivo no diálogo entre história e cultura. Para Freire (1985) é desta relação indissociável que se deve partir no processo educativo. Para este educador há que ter sempre presente algo que mesmo parecendo uma obviedade é, com frequência, esquecido por boa parte dos administradores, gestores do ensino e até mesmo por muitos(as) educadores(as). Estou me referindo ao alerta feito por Freire de que está mais que na hora de irmos além da máxima materialista e dialética de que os homens fazem a história e passar a entender homens e mulheres como instituintes e instituidores da história mesma. É a partir desta (re)invenção da história que a educação nasce e se constitui como componente decisivo no diálogo entre história e cultura. Freire (1985) por toda sua vida tentou mostrar que não é dentro da cabeça de educandos e educandas que se faz educação. Mas sim, que o educar-se é um processo que se dá em um contexto histórico, político, ideológico. Enfim, é um processo permeado pela cultura de um tempo e de um lugar. Por outro lado, sabemos que as relações entre os seres vivos em geral, e entre os seres humanos em particular, é uma troca de significados e de experiências. Entre as importantes relações particulares que se dão entre os seres humanos estão (cf. GAUTHIER, 1998) as nossas práticas pedagógicas.

Uma das tantas decorrências disto é o fato de que a educação nunca foi, não é, e jamais será um processo neutro. Como seres inacabados somos capazes também da invenção e (re)invenção deste processo de devir que é a viabilização de nossa existência no e com o mundo. A isto eu denomino de devir-ser ecológico. Ecológico aqui tomado no sentido de que é um processo de formação que procura estar sempre em diálogo com a memória, com os saberes e fazeres, com as diferenças e com os diferentes, com o contraditório e com os contrários, com os desejos, com os conhecimentos científicos adquiridos de todos(as) aqueles(as) envolvidos(as) no redemoinho que é a vida em suas mais complexas e curiosas formas de manifestação. Sim, porque a vida e todas as pessoas são curiosas como fez questão de lembrar o poeta Fernando Pessoa, nesta bela saudação poética:

> As viagens, os viajantes – tantas espécies deles!
> Tanta nacionalidade sobre o mundo! Tanta
> Profissão! tanta gente!
> Tanto destino diverso que se pode dar à vida,
> À vida, afinal, no fundo sempre, sempre a mesma!
> Tantas caras curiosas! Todas as caras são curiosas
> E nada traz tanta religiosidade como olhar
> muito para gente.
> A fraternidade afinal não é uma ideia revolucionária.
> É coisa que a gente aprende pela vida afora,
> onde tem que tolerar tudo,
> E passa a achar graça ao que tem que tolerar,
> E acaba quase a chorar de ternura sobre o que
> tolerou!
> (Fernando Pessoa. *Ode Marítima, p. 67).*

Em função disto, e de muitas outras questões não mencionadas nesta introdução, é que as pesquisas e estudos sobre a formação dos profissionais da educação que atuarão na Educação de Jovens e Adultos se faz não só necessária como urgente.

É com a intenção de dar minha contribuição a este processo que aceitei o desafio de escrever este livro. Nele faço uma reflexão sobre minha experiência com a formação de professores(as) que trabalham com Educação de Jovens e Adultos. Adianto, também, que esta experiência foi enriquecida através dos projetos de Ensino, Pesquisa e Extensão de Educação Ambiental[1] desenvolvidos junto a turmas de Alfabetização de Jovens e Adultos.

---

1. Meu envolvimento com a Educação de Jovens e Adultos se deu, inicialmente, através de projetos de Ensino, Pesquisa e Extensão em Educação Ambiental junto a turmas noturnas da alfabetização de adultos em uma escola Estadual de Ensino Fundamental no Município de Santa Maria-RS.

1 Professores(as) da EJA

Afinal, quem é esse(a) educador(a)?

Ler livros geralmente se aprende na escola, outras leituras se aprendem por aí, na chamada escola da vida: a leitura do voo das arribações, que indicam a seca, independe da aprendizagem formal e se perfaz na interação cotidiana com o mundo das coisas e dos outros (LAJOLO, 2000).

Em geral começo meus cursos de formação de professores e professoras com dois aforismas:

1) Não existe professor ou professora na abstração;

2) Quem é professor(a) ensina/aprende alguma coisa, com alguém, e em algum lugar.

Costumo fazer uma analogia com as demais categorias profissionais que conhecemos. Quero dizer que, assim como os profissionais da saúde, das engenharias, das ciências agrárias, das artes, enfim, como todos os profissionais têm um local prioritário onde exercem suas atividades, nós professores e professoras, profissionais da educação, também temos um local onde, de uma forma ou de outra em algum momento do dia, exercemos nossa atividade profissional. E este local é a escola. É a sala de aula. E não adianta tergiversar: quem é professor ou professora é professor(a) de alguma coisa. Ninguém é professor(a) de abstrações. *Quem ensina/aprende, e ensina/aprende* alguma coisa *com* alguém.

Para este raciocínio parto do princípio de que não existe o *ser* professor ou professora na generalidade apenas. Uma prova disto é que, quando encontramos um ou uma colega que há tempos não víamos, após as primeiras conversas e depois de colocar as principais "fofocas" em dia, inevitavelmente vem a primeira pergunta: mas e o que você anda fazendo, onde estás trabalhando? Respondemos então: sou professor ou professora. Imediatamente nos é perguntado: mas professor(a) *de quê?* Nos colocamos então como professor(a) *de* ciências, *de* geografia, *de* biologia, *de* ensino religioso, *de* educação artística. Enfim, quem é professor(a) é professor(a) *de* alguma coisa. Para completar somos então indagados onde "damos aula". Dizemos então na escola tal... Fica assim bem explícita a questão com a qual quero iniciar minha reflexão. Quem é professor/professora está inevitavelmente "condenado" a, em algum momento, trabalhar algum tipo de conteúdo, executar um plano de estudo num lugar chamado escola e, mais precisamente, na sala de aula.

Partindo desta breve introdução é que retomo a pergunta que dá início a este fragmento: *afinal quem é este(a) educador(a) que trabalha com a Educação de Jovens e Adultos e como se dá a sua formação?*

Para responder a este questionamento inicial vou começar apresentando o depoimento de uma colega professora, diretora de uma escola e professora de EJA – alfabetização. Da mesma forma, as aproximações que vou fazer com a formação de professores(as) se dará concomitantemente com as reflexões feitas sobre os depoimentos e narrativas apresentadas no decorrer do texto.

As narrativas e as vivências aqui apresentadas e comentadas foram produzidas em pesquisas feitas junto a alunos e alunas alfabetizandos(as) da EJA, bem como em cursos de formação continuada para professore(as) envolvidos(as) profissionalmente com a alfabetização de adultos. Começo com a narrativa de uma professora diretora de escola onde a EJA tem turmas noturnas.

> Quando uma colega diretora de outra escola me telefonou, dizendo que eu me preparasse para receber em minha escola, no dia seguinte à noite, um "presidiário bandido" que estava em regime aberto, entrei em pânico... fiquei imaginando como eu faria... como deveria me comportar na conversa que ia ter com ele na noite seguinte quando o referido aluno que cursava Educação de Jovens e Adultos (EJA) – alfabetização – me procurasse na escola com a sua transferência em mãos... era a primeira vez que eu ia ter na minha escola um bandido estudando...

Esta narrativa faz parte de um sincero e emocionado depoimento feito por uma colega professora num dos cursos de formação continuada sobre EJA que tenho ministrado para professores(as) das redes municipais e estaduais de educação. Este trabalho na EJA, que comecei através de projetos de educação ambiental no processo de alfabetização de adultos em escolas noturnas, tem me levado a viver experiências pessoais e profissionais ímpares.

Experiência aqui tomada no sentido daquilo que amplia meu repertório de possibilidades de trabalho como educador e como pessoa. Quando falo de experiência significativa para a formação refiro-me a algo semelhante ao que propõe Larrosa (2002) ao se referir a experiência e sentido. Para este autor experiência não é a mesma coisa que informação. Podemos ser portadores de muitas informações e de pouca ou nenhuma experiência sobre elas. Minha orientação quanto à experiência está ligada a uma representação, a um imaginário no qual experiência não é apenas informação ou simplesmente aquilo que nos acontece, mas, sim, aquilo que fazemos com aquilo que nos acontece. Conforme Larrosa (2002: 212) a experiência vista como "aquilo que nos toca". Sim, porque muitas coisas nos acontecem nos tempos de pós-modernidade em que vivemos. Cada vez mais somos bombardeados por uma gama maior de informações e eventos. Contudo, nem todas estas informações e/ou estes eventos tocam nossos sentidos. O poeta e ensaísta mexicano Octávio Paz (1994), ao falar da maneira como experienciamos o tempo, hoje, argumenta que não é que o mesmo passe mais rápido ou mais lentamente. Não. O que ocorre é que cada vez mais somos compelidos a realizar um número maior de tarefas num mesmo espaço de tempo. O trabalho educativo acontece em um tempo-espaço muito peculiar: o tempo-espaço da escola e das suas relações. A escola como um dos territórios da experiência sensível. Um lugar de palavras, gestos, silêncios, atitudes. Lugar de experiências vivas e vividas.

Tudo isto para lembrar que nada acontece fora do tempo. O tempo, essa dimensão instituinte e instituidora de representações e imaginários sociais. O tempo numa perspectiva tomada de empréstimo de poetas como Jorge Luis Borges, que diz que dele somos feitos. Dele somos mais prisioneiros que senhores. Nas suas palavras,

> O tempo é um rio que me arrebata, porém eu sou o rio; é um tigre que me destroça, porém eu sou o tigre; é um fogo que me consome, porém eu sou o fogo. O mundo, desgraçadamente, é real; eu, desgraçadamente, sou Borges (BORGES, 1999).

Em tal representação o tempo deixa de ser uma abstração, uma marcação cronológica ou biológica e se transforma na substância mesma da qual somos feitos. Um tempo com o qual até podemos "negociar", tentar resistir a sua implacabilidade. Podemos até mesmo negá-lo, porém jamais fugir de sua capacidade de nos "abraçar". De nos envolver em sua espiral interminável. Tempo, um lugar paradoxal de mudanças e de permanências, como na poesia *Tempo Rei*, de Gil (1984: 285), em que o autor diz: "Tudo permanecerá do jeito que tem sido/Transcorrendo/Transformando/Tempo e espaço navegando todos os sentidos".

É tomando a experiência como um processo que acontece num espaço-tempo vivido, como uma forma de dizer de si e do mundo, que acredito na sua grande potência criativa para a construção de conhecimentos e saberes em relação à formação de professores(as). Mais ainda, refletindo sobre quais conhecimentos e/ou saberes deveriam compor o repertório de educadores e educadoras para dar conta, minimamente, das questões de nossa época. Afinal, que exigências estão colocadas para uma formação de professores(as) que leve ao desenvolvimento daquilo que Lüdke (2001: 07) denomina de uma "prática docente efetiva" no cotidiano escolar? Que saberes e fazeres serão necessários para proceder à exigência, há tempos requerida aos profissionais da educação, no sentido de "reinventar a escola para que ela cumpra sua fatia de responsabilidade na organização da sociedade e da natureza para aumentar o prazer no mundo" (GROSSI, 1992: 117). Uma escola, um espaço educativo para jovens e adultos que, como já defendia Freire (1970) em *Pedagogia do oprimido*, pense os seres humanos como seres inconclusos. Tal escola estará contribuindo, assim, para que seus educandos(as) se façam cientes desta inconclusão, incentivando-os(as) para a busca de um devir ser mais.

Estou convencido que a(s) resposta(s) para essa importante indagação não virá(ão) de uma pessoa, menos ainda de uma área específica da produção de conhecimento. Contudo, me filio àqueles(as) educadores(as) que defendem que os saberes das diferentes profissões estão relacionados ao contexto de seu trabalho. Vejo os saberes como algo intrinsecamente ligado à vida – são as viagens que realizei, são os livros e revistas que li, a música que me tocou, as amizades, as paixões e amores que vivi, o ódio que senti (se senti), as conversas de que participei. Enfim, é aquilo que forma o meu acervo de conhecimentos. É o conteúdo misterioso deste baú chamado memória. Essa ligação entre o saber e a vida é que talvez faça com que seja ele – o saber – pessoal e intransferível. Algo semelhante ao que defende Sarmento Guerra (2001: 36) quando diz que "Saber não se transmite, o que sei só eu continuarei sabendo – desde que não esqueça – pelo resto da vida". Se pensarmos na formação de professores e professoras essa ideia, sobre o saber, está muito próxima ao que defende o pesquisador da formação docente Maurice Tardif (2002: 11). Para ele

> o saber não é uma coisa que flutua no espaço: o saber dos professores é o saber deles e está relacionado com a pessoa e a identidade deles, com a sua experiência de vida e com a sua história profissional, com as suas relações com os alunos e com os outros atores escolares.

Acredito, também, que tal tipo de compreensão sobre a formação docente em geral, e em especial daquele(as) que trabalham com a Educação de Jovens e Adultos, deva passar por diversos momentos, por diferentes formas e se dará em muitos lugares. Ou seja, a formação docente como algo ligado, também, ao saber e à experiência (LARROSA, 2002). É por acreditar na possibilidade de inclusão de amplas camadas da população, historicamente excluídas, que identifico na Educação de Jovens e Adultos um papel social fundamental. Não como libertador ou revolucionário, mas sim como um ponto de partida importante para a ampliação dos espaços de participação na vida pública nas suas mais diferentes formas de manifestação. É desta participação que advirá a inclusão. A educação pode contribuir em muito para este processo se a tomarmos como algo que busca parcerias, diálogos e alianças entre educadores(as) e educandos(as) e entre conhecimentos científicos e saberes das comunidades e/ou das pessoas. Novamente recorro a Tardif (2002: 13) quando este lembra que o ato de ensinar não é algo de uma direção só. Ao contrário é alguma coisa que acontece num agir com o outro:

> É saber agir com outros seres humanos que sabem que lhes ensino. Daí decorre todo um jogo sutil de conhecimentos, de reconhecimentos e de papéis recíprocos, modificados por expectativas e perspectivas negociadas. Portanto, o saber não é uma substância ou um conteúdo fechado em si mesmo; ele se manifesta através de relações complexas entre o professor e seus alunos.

Cada vez mais se faz necessária esta busca de interlocução entre os participantes da comunidade educativa. A formação de professores passa, nos tempos atuais de pós-modernidade, por um momento muito rico quanto às diversidades e pluralidades de diálogos que podem ser estabelecidos. Esta diversidade e pluralidade, que em muitos casos são vistas como um perigo, ao contrário, são uma excelente oportunidade para ampliarmos o repertório de conhecimentos e de saberes sobre nosso fazer educativo. Não há que temer as instabilidades e as mudanças, pois, como reflete Freire:

> Há uma forma reacionária de ser pós-moderno como há uma forma progressista de sê-lo. Para mim, a prática educativa progressistamente pós-moderna – é nela que sempre me inscrevi, desde que vim à tona, timidamente, nos anos de 1950 – é a que se funda no respeito democrático ao educador

como um dos sujeitos do processo, é a que tem no ato de ensinar-aprender um momento curioso e criador em que os educadores se reconhecem e refazem conhecimentos antes sabidos e os educandos se apropriam, produzem o ainda não sabido (2001: 159).

Ao retomar minha experiência no trabalho com jovens e adultos alfabetizandos percebi que aquilo que era para ser apenas mais uma contribuição da educação ambiental, para a formação de pessoas com uma prática social e ecologicamente mais justa, acabou se transformando, para mim, em mais um desafio como educador e ecologista. Tão logo comecei a trabalhar com Educação Ambiental desconfiei das posturas e representações que viam a mesma como algo restrito à relação com a chamada "natureza" – sobre isto acabei realizando mestrado (1996) e doutorado (2001). Acabei optando por um trabalho onde as questões ambientais tivessem uma abrangência que contemplasse as relações sociais, políticas, econômicas. Enfim, que privilegiasse as questões culturais. Tal opção me proporcionou estabelecer diálogos da maior riqueza simbólica e da maior dramaticidade social – o relato da professora sobre o aluno transferido para sua escola é apenas mais um dos tantos exemplos encontrados.

Continuando a conversa com a professora (no intervalo do curso), ela foi além do relato. Contou-me que tão logo recebeu o telefonema de sua colega diretora formou-se em sua ideia uma imagem de como seria o novo aluno. Segundo esta imagem seria de um homem negro, grande. Enorme fisicamente. O corpo cheio de tatuagens que poderiam ser vistas nos braços musculosos que apareciam facilmente já que usava uma "camiseta de física" sem mangas. Confidenciou-me que passou o resto da noite, e o dia seguinte, muito incomodada com o que lhe esperava – literalmente em cólicas, como se diz na gíria.

Qual não foi sua surpresa quando, no dia seguinte, ao chegar à escola encontra esperando-a na porta de sua sala um rapaz loiro e de aparência frágil. Vestia uma camisa "polo" azul cuidadosamente "ajeitada" para dentro da calça bege que usava. Calçava um par de sapatos pretos exemplarmente lustrados. O cabelo estava cortado curto e muito bem penteado. A barba parecia ter sido feita especialmente para a ocasião. Enquanto ela abria a porta da sala o rapaz pediu-lhe licença, deu boa-noite e se apresentou: era o "presidiário bandido" em regime aberto se apresentando para seu primeiro dia de aula na nova escola.

O rapaz contou, então, que, em função do novo emprego que havia conseguido, fora transferido para aquela escola já que esta ficava mais perto do mesmo. A professora, que teve neste momento uma grande *experiência* sobre o que é o preconceito, disse: "Quase tive um treco". Ela contou-me que ficou realmente impressionada com a rapidez e naturalidade como tinha formado uma representação psicológica e física sobre como seria o futuro aluno mesmo sem nunca tê-lo visto. Nem sequer sua voz tinha ouvido.

Sem dúvida alguma que não está em jogo aqui – pelo menos de minha parte – fazer qualquer tipo de julgamento sobre a atitude da professora. Acredito que a grande contribuição deste depoimento é, justamente, o fato de podermos refletir sobre ele. Um relato da maior importância principalmente pelo fato do mesmo ser feito de forma voluntária pela professora. Ao mesmo tempo em que a professora falava eu podia sentir o quanto ela mesma tinha ficado chocada com a sua atitude. O quanto estava surpresa com a facilidade com que associou "bandido", "presidiário", com a cor da pele da pessoa só para ficar com um dos preconceitos mais frequentes em nossa sociedade. Não se trata de ficarmos imaginando que nós, professores e professoras, tenhamos que ser seres perfeitos ou que não tenhamos contradições e/ou fragilidades pedagógicas e de formação como pessoa. Como muito bem alerta Perrenoud (2005), alunos e alunas não exigem que seus professores(as) sejam seres perfeitos. Que não cometam erros. Esta é uma representação muito mais forte em nós mesmos do que nas demais pessoas. Para este autor,

> os alunos não precisam de guias espirituais, nem de catequizadores. Eles se constroem encontrando pessoas confiáveis, que não se limitam a dar aulas, mas que se apresentam como seres humanos complexos e como atores sociais que encarnam interesses, paixões, dúvidas, engajamentos, atores que se debatem, como todo mundo, com o sentido da vida e com as vicissitudes da condição humana (PERRENOUD, 2005: 138).

O que coloca acima Perrenoud não deve ser tomado como um estímulo ao conformismo em relação a nossas falhas e equívocos, mas, sim, para nos mostrar que em muitos casos o que precisamos é estar abertos(as), sensíveis para perceber quando estamos cometendo equívocos, ações ou gestos de discriminação do ponto de vista didático, metodológico, enfim, educativo.

Como não ver no relato da professora-diretora a importância das relações culturais vividas e dos eventos cotidianos vivenciados para a nossa formação como educadores e educadoras? Como não lembrar o alerta feito por Tardif (20002: 11) quando chama a atenção para o fato de que

> o saber dos professores é o saber deles e está relacionado com a pessoa e a identidade deles, com a sua experiência de vida e com a sua história profissional, com as suas relações com os alunos em sala de aula e com os outros atores escolares na escola... Por isso é necessário estudá-lo relacionando-o com esses elementos constitutivos do trabalho docente.

A nossa formação como educadores e educadoras passa, necessariamente, pelo nosso cotidiano. Ela – a formação docente – está intimamente ligada aos nossos costumes, hábitos, conceitos, preconceitos. Tem muito que ver com nossas representações e com o imaginário social vigente. Enfim, formação e experiência são irmãos inseparáveis. Para Larrosa (2002) não há como separar saber e experiência. Uma experiência que por sua vez tem uma grande influência da cultura em que estamos mergulhados. Soma-se a isso o fato de que em educação somos o tempo todo aprendizes e ao mesmo tempo ensinantes de alguma coisa para alguém.

É baseada nesta compreensão do processo educativo que Madeira (2000) chama a atenção para o fato de que não podemos descuidar de que aquilo que somos, ou seja, as representações que temos são construídas através da história, no decorrer de nossas vidas, e é neste processo de vida e existência que são elaborados e (re)elaborados nossos valores, conceitos, preconceitos, imagens simbólicas, afetos. Enfim, é nesse processo de re(des)construção permanente de valores e verdades que os mais diversos interesses e desejos "articulam-se em palavra proferida ou silenciada, palavra entendida ou negada" (MADEIRA, 2000: 241).

Estas palavras negadas, esses silenciamentos impostos, fazem parte de todo um processo histórico de dominação e colonialismo. Afinal, já se passaram quinhentos anos da chegada ao continente americano dos navegadores europeus. Mesmo a grande promessa da modernidade de *educação para todos* não foi capaz de evitar este processo de exclusão. Ao contrário, em muitos casos acabou aprofundando as injustiças sociais e ecológicas através dos processos de discriminações e degradações. Na opinião de De Leão (2004: 162),

> o empobrecimento causado pelo silenciamento é perfeitamente observado na maioria das escritas de crianças, jovens e adultos iletrados ou em processo de alfabetização, pertencentes a classes menos favorecidas da população. Os livros, revistas, jornais não circulam nos seus lares com o mesmo significado com que circulam nas casas da classe média e alta.

Ao refletir sobre a maneira como a modernidade se implantou e hegemonizou uma determinada representação sobre o conhecimento, Boaventura Santos (2000) defende a ideia de que ela – a modernidade – está assentada sobre dois pilares de construção do conhecimento. O primeiro é o conhecimento-regulação e o segundo o conhecimento-emancipação. No entanto, o conhecimento que se hegemonizou foi o conhecimento-regulação, dominando e, na maioria das vezes, anulando as possibilidades de implementação e institucionalização do conhecimento-emancipação. Essa situação deveu-se, fundamentalmente, à forma como a ciência, dita moderna, tornou-se dominante, hegemônica, sobre as demais formas de pensar e produzir conhecimento na sociedade. Como alternativa a tal situação o autor propõe os fundamentos para o que ele denomina de uma teoria crítica pós-moderna. Uma crítica que ao mesmo tempo que não aceita passivamente as injustiças coloque-se, também, como corresponsável pelos erros e acertos decorrentes das escolhas que foram feitas. Escolhas, essas, que como tal poderiam ter sido outras.

É a partir da retomada da ideia de conhecimento-emancipação, que foi desprezada pela modernidade, que a teoria crítica pós-moderna irá se constituir. Neste tipo de conhecimento, todo ato de conhecer é também um ato de reconhecer, no sentido de que o outro não mais é visto, tomado, apenas como um objeto, mas sim como sujeito do conhecimento. Neste fato residiria, a meu ver, a diferença fundamental entre o conhecimento-emancipação, base para uma crítica pós-moderna, e o conhecimento-regulação hegemônico na modernidade. Este conhecimento que reconhece, que está aberto ao diálogo com as demais formas de entender os fenômenos no mundo é visto por Boaventura Santos (2000) como um conhecimento solidário com o(a) outro(a) e prudente em relação às suas consequências sociais e ecológicas. Aliado a este fato – e como consequência dele – nos acostumamos a ver o conhecimento como uma forma de dominação, de controle sobre as demais pessoas e formas de vida, que nos é extremamente difícil aceitar uma outra representação sobre a ciência e a produção de conhecimento que não seja para subjugar/dominar. Contudo, essas representações estão, cada vez mais, mostrando seus limites e fragilidades, pois "sabendo nós hoje o que aconteceu às alternativas propostas pela teoria crítica moderna não nos podemos contentar com um pensamento de alternativa. Necessitamos de um pensamento alternativo de alternativas" (SANTOS, B. 2000: 30).

A prática de um conhecimento pautado na solidariedade está vinculada, entre outros fatores, ao reconhecimento, à aceitação e à defesa do direito do outro ao exercício de seus desejos e vontades. Neste sentido, a construção do conhecimento-emancipação está diretamente ligada à ideia de diversidade cultural. Assim, a construção de um conhecimento multicultural enfrenta duas grandes dificuldades: *o silêncio e a diferença.*

Este processo de silenciamento tem muita relação com o processo moderno de hegemonia do conhecimento-regulação, que foi exercido como principal forma de dominação e, até mesmo, de aniquilação cultural de diversos povos, etnias e culturas, durante o processo de colonialismo ocidental. Essa forma de relação de dominação colonialista levou à produção de silêncios que

> tornaram impronunciáveis as necessidades e as aspirações dos povos ou grupos sociais cujas formas de saber foram objeto de destruição. Não nos es-

> queçamos que sob a capa dos valores universais autorizados pela razão foi de fato imposta a razão de uma "raça", de um sexo e de uma classe social (SANTOS, B. 2000: 30).

No trabalho educativo com jovens e adultos há que se levar em consideração estas questões históricas, políticas, econômicas. Enfim, culturais. Ou faz-se essa escuta ou teremos muitas dificuldades em reconhecer que o envolvimento dos(as) educandos(as) – tanto jovens como adultos – se dará com mais facilidade se o processo de alfabetização partir de situações familiares aos mesmos(as). Algo na perspectiva freireana onde tem-se que "as crianças e adultos se envolvem em processos educativos de alfabetização com palavras pertencentes à sua experiência existencial, palavras grávidas de mundo. Palavras e temas". A Educação de Jovens e Adultos assim vista contempla com mais facilidade não só o processo de aquisição da leitura e da escrita como age como facilitadora "da compreensão científica que grupos e movimentos podem e devem ter acerca de suas experiências" (FREIRE, 1993: 29). Como vemos os saberes da experiência são pontos importantes de partida para a construção do conhecimento em diferentes situações. Um exemplo é o fato destes saberes ligados à vida vivida serem tomados tanto na formação do profissional docente (TARDIF, 2000) quanto no caso visto acima, da inclusão de jovens e adultos no mundo mágico das letras (FREIRE, 1993). Vejo neste encontro uma das tantas demonstrações da viabilidade e pertinência de outra ideia freireana de que em educação ensinamos e aprendemos.

A segunda dificuldade enfrentada pelo conhecimento-emancipação, a diferença, é decisiva para a prática da solidariedade, pois esse sentimento só se torna possível na diferença, no diálogo com o outro e não na dominação e/ou anulação desse ou de suas diferenças. Contudo, a viabilização deste diálogo, desta relação de solidariedade passa, necessariamente, segundo Boaventura Santos (2000), pela aceitação e institucionalização de que todo conhecimento é sempre dependente das condições que lhe tornaram passíveis de se realizar. Ou seja: o conhecimento é uma produção contextualizada.

Ao mesmo tempo em que todo conhecimento é uma produção que tem vínculos com a cultura na qual está imerso e foi elaborado, torna-se necessário aquilo que Boaventura Santos (2000) denomina de uma "teoria da tradução". Essa teoria da tradução constitui-se em um componente decisivo, fundamental para a construção da teoria crítica pós-moderna, sem a qual o diálogo entre essas formas diferentes de conhecimento ficaria inviabilizado. É esta teoria da tradução que tornaria uma "necessidade, uma aspiração, uma prática numa dada cultura compreensível e inteligível para outra cultura" (SANTOS, B. 2000: 31).

Pensar a Educação de Jovens e Adultos sem levar em conta este processo de silenciamento pelo qual passaram boa parte daqueles e daquelas que hoje, já em idade avançada, tentam retornar à escola é um grande equívoco. Trata-se de um grave equívoco político seguido de uma preocupante incompreensão pedagógica. O educador e pesquisador francês, naturalizado brasileiro, Jacques Gauthier, pioneiro na introdução da Sociopoética[2] no Brasil, defende que uma das formas de rompermos com esta cultura de desconsideração pelo outro e, consequentemente, pelas suas diferentes formas de produzir conhecimento é

> trilhando o caminho da diferenciação e da heterogeneização, da desidentificação dos seres humanos, tentando entender as linhas de fuga, os ventos e as marés que os atravessam... Nós humanos estamos inseridos em um meio ecológico, e o efeito da complexidade sobre nós é de proporcionar noções nas quais a emoção, os sentidos, a intuição, a motricidade e a gestualidade nunca são isolados da razão (GAUTHIER, 2001: 56).

O trabalho com a alternativa de estudo e pesquisa da Sociopoética tem como pressupostos básicos a não separação entre ciência e arte na produção do conhecimento. Nesta perspectiva há que buscar estabelecer diálogos entre áreas que em nossa prática acadêmica e científica moderna foram "fechadas", recalcadas. Não se separa, nesta alternativa metodológica, as culturas de resistência das categorias hegemônicas de pensamento. Por outro lado, não podemos esquecer do sentido humano e espiritual da pesquisa. Uma forma de realizar esta preocupação é não tratar os e as participan-

---

2. Esta metodologia de pesquisa e de ensino trabalha com a ideia de que todo o corpo do grupo participante é produtor de conhecimento e não apenas a razão e os processos ligados ao intelecto. Baseia-se no "Teatro de Imagens", de Augusto Boal (Teatro do Oprimido), na *Pedagogia do Oprimido*, de Paulo Freire, nos princípios da Pedagogia Simbólica, da análise polifônica (Mikhail Bakhtin). Esta forma de pesquisa tem como ponto de partida a valorização dos sentidos e dos saberes das comunidades envolvidas para a construção de conhecimento. Daí a construção de *confetos*: conceitos e afetos (GAUTHIER, 2001: 16).

tes como meros "objetos de..." mas, sim, como coautores(as) da pesquisa. Por último, para Gauthier e Santos (1999), há que estar atento para não cair no risco, tão comum, de separar da produção do conhecimento a emoção, as sensações, a intuição.

Como podemos perceber não é por acaso que a Sociopoética é uma construção que tem como uma de suas vertentes os ensinamentos de Paulo Freire. Como não lembrar do que nos ensinou este educador ao alertar para o fato de que "conhecer não é, de fato, adivinhar, mas tem algo a ver, de vez em quando, com adivinhar, com intuir" (FREIRE, 1997: 51).

Ao se referir ao trabalho educativo com adultos Kohl (1999) afirma que esse tema não nos remete apenas a uma questão relacionada a faixas etárias. Estamos, sim, neste caso, prioritariamente tratando de uma questão de especificidades culturais em educação. Para a autora, dependendo da maneira como fizermos as delimitações de faixas etárias teremos delimitações de momentos do fazer educativo dirigidas a "qualquer jovem ou adulto, mas delimita um determinado grupo de pessoas relativamente homogêneo no interior da diversidade de grupos culturais da sociedade contemporânea" (KOHL, 1999: 59).

Os tempos de pós-modernidade em que hoje vivemos já nos proporcionam condições para entendermos que por trás da voz que fala existe um universo de linguagens possíveis, desde que para tanto não as desconsideremos e que estejamos dispostos a ouvi-las. Vai longe o tempo em que acreditávamos que nossa capacidade de pensar/sentir era algo determinado/controlado apenas pela razão (BARCELOS, 2004). No século passado o pensador espanhol Miguel de Unamuno (1864-1936) já alertava para os limites desta visão reducionista dizendo que

> há pessoas, com efeito, que parecem não pensar mais que com o cérebro, ou com qualquer outro órgão que não seja específico para pensar, ainda que outros pensem com todo o corpo e com toda a alma, com a medula dos ossos, com o coração, com os pulmões, com o ventre, com a vida (UNAMUNO, 1964: 296).

As palavras de Unamuno, embora proferidas na metade do século passado, parecem manter ainda uma grande pertinência e sabedoria. Desafiam-nos a alargar nossos horizontes pedagógicos. Fazem um chamamento no sentido de ouvirmos a voz que fala assim como as outras vozes/silêncios que, por trás desta voz/silêncio, também falam. Convidam-nos – ou melhor, nos desafiam – a fazer um exercício poético em educação, algo que busque identificar as múltiplas vozes que cada voz contém, reconhecendo, assim, as múltiplas linguagens/vozes de que cada pessoa é portadora. Alguma coisa semelhante ao que sugere o poeta cubano exilado Cabrera Infante (2000: 475) ao dizer que por trás de uma voz sempre existem outros que também falam. Este poeta e ensaísta ilustra essa afirmação com uma provocante pergunta:

> De quem é a voz que fala? Ou a voz por trás da voz? Quem escreve? Quem fala em um poema? Quem narra em uma novela? Quem é este eu das autobiografias? Quem conta um conto? Quem são

os que conversam nesta peça imaginada de apenas três paredes? Quem é este ventríloquo oculto que fala neste momento pela minha boca?

Essas vozes por muito tempo invisíveis, porque silenciadas, poderão deixar de sê-lo na medida em que nos disponhamos a ouvi-las/senti-las/valorizá-las. Defendo que a escola é um dos territórios privilegiados para que essa escuta aconteça. Em se tratando da Educação de Jovens e Adultos isto não é algo genérico no processo educativo. Ao contrário, é uma condição necessária para que aconteça o processo de alfabetização. Até porque não podemos nos esquecer que, via de regra, em Educação de Jovens e Adultos estamos tratando com um grupo de pessoas que foram silenciadas por longos momentos de suas vidas. São pessoas que, em alguns casos, já chegaram a internalizar que são incapazes de aprender. Que são já velhas demais para aprender ou até mesmo que aprender a ler e a escrever não mudará em nada suas vidas. Sem dúvida que são estas representações construídas histórica e culturalmente. Sendo, portanto, possíveis de serem (re)desconstruídas.

Este processo de reconstrução é uma das tarefas mais urgentes e meritórias do trabalho de Alfabetização de Jovens e Adultos. Não apenas pelo fato de incluir os mesmos no mundo da leitura e da escrita, mas também, e isto é da maior importância política, ser um passo importante para reacender nestas pessoas a crença na sua potencialidade. No fato de as desafiar a enfrentar novos desafios, as provocas no sentido de recusar aquilo que Freire (1993) chamou de explicações fatalistas e deterministas da história. Nesta recusa é que pode residir o começo de um processo de autonomia de homens e mulheres, independentemente de suas idades. Isto prova que sempre é tempo de recomeçar em educação – ou, em muitos casos, *começar* – e sentir-se fazendo o tempo histórico ao mesmo tempo que refazendo-se nele e com ele. Como já citamos anteriormente, e lembrando o poeta argentino Jorge Luis Borges (1999), é do tempo que somos feitos. Ele é nossa substância.

Atualmente há consenso entre os(as) educadores(as) quanto a que esforços devem ser empreendidos no sentido de promover/incentivar a inclusão e a convivência, sem esconder nem ressaltar as diferenças, mas sim acolhendo-as como parte instituinte e instituidora de cada uma das pessoas. Este é um pressuposto básico para a promoção da inclusão, tarefa da qual a escola não pode tergiversar (BARCELOS, 2004).

De outra forma, é justamente a existência das diferenças que, como ensina Arendt (1997), permite-nos dizer que cada ser humano é diferente do outro, é único em sua diversidade. Isto exigirá, também, uma postura/ação por parte da escola que respeite essa característica. Uma educação que reconheça essa necessidade estaria contemplando a boniteza como uma das exigências propostas por Paulo Freire quanto à prática educativa. Boniteza essa que só poderá acontecer no respeito pleno à diferença, na humildade, nos diferentes ritmos de tempo – por exemplo do tempo diferente de aprendizagem de cada aluno(a) –, na solidariedade e no respeito às diversidades de toda ordem. Enfim, na aceitação do outro como legítimo em seu ser/estar no mundo, desde que esse outro(a) tenha como orientação a paz, a justiça, a cooperação, o cuidado de si e para com todos os(as) outros(as).

Vou encerrar este capítulo como o comecei: relatando um diálogo que por sua vez me foi reproduzido por uma colega professora e pesquisadora em imaginário social e educação. O diálogo aconteceu num dos tantos corredores de uma das tantas escolas onde, à noite, jovens e adultos comparecem para reiniciar seu processo de alfabetização. Este inusitado diálogo aconteceu entre uma professora e um aluno da EJA.

Primeiro dia de aula. O aluno recém-chegado à escola – já um pouco atrasado para o primeiro período – encontra no corredor de entrada uma professora e pergunta:

– Professora, sou aluno da alfabetização noturna, onde fica minha sala de aula?

A professora devolve a pergunta com outra:

– Que série você está cursando, meu rapaz?

– Eu sou da turma dos que não sabem nada... Sou da turma dos burros...

– Há... então sua sala é lá no final do corredor, a última porta virando à direita.

– Muito obrigado, professora – disse o jovem.

O rapaz saiu apressado, como tinha chegado, e faceiro por ter achado rápido a sala onde estudavam os que não sabiam NADA... os BURROS(!).

A professora seguiu tranquila seu caminho até desaparecer no final do corredor...

Ela sabia para onde ir.

Afinal, fazia parte da turma dos que sabiam... TUDO(?).

Impossível não lembrar, após este diálogo, do alerta feito por Brandão nos idos da década de 1980 quando dizia que uma das grandes contribuições da alternativa de alfabetização proposta por Paulo Freire era nos fazer entender que

> a educação deve ser um ato coletivo, solidário – um ato de amor, dá pra pensar sem susto –, não pode ser imposta. Porque educar é uma tarefa de trocas entre pessoas e se não pode ser nunca feita por um sujeito isolado (até a autoeducação é um diálogo à distância), não pode ser também o resultado do despejo de quem supõe que possui todo o saber, sobre aquele que, do outro lado, *foi obrigado a pensar que não possui nenhum* (BRANDÃO, 1988: 22).

Mais comentários sobre este diálogo estarão distribuídos ao longo dos demais capítulos deste livro. Mas cada um dos e das leitores(as) pode ir fazendo desde já suas próprias reflexões. Afinal acreditamos ou não que podemos aprender com aqueles e aquelas que, supostamente, estamos ensinando? Se, como pensava Freire, não existem os "educadores puros", não existem também os "educandos puros". Portanto, o que existem são caminhos a serem construídos juntos. Como dizia o poeta Machado: *Caminhante não há caminho, o caminho se faz ao caminhar*.

2 A escola da EJA ou a Casa do Estudo...

Ninguém lembra sem imaginar. Memória e imaginação são siamesas inseparáveis. A palavra é um ser vivo. Palavras são amigos que buscam novos amigos
(Augusto Boal, 2001).

Como já referi, anteriormente, não considero a alfabetização de jovens e de adultos, isoladamente, como a chave que abrirá todas as portas há muito fechadas para grandes contingentes de pessoas em países como o Brasil. Considerar a alfabetização como a panaceia para todas as injustiças sociais é tão equivocado quanto negar seu papel e importância como um passo importante e fundamental no caminho em direção à inclusão.

Por outro lado uma inclusão que mereça este nome exige muito mais que trazer de volta à escola aqueles e aquelas que dela um dia foram expulsos(as). Há que ir além. Há que construir uma cultura e uma gestão democrática dos espaços escolares e educativos que, num primeiro momento, acolham e, a seguir, criem condições de atenção e de *cuidado*[3] capazes de conquistar, se-

3. A expressão *cuidado* aqui utilizada é uma referência à ideia do *cuidado ecológico*, de Humberto Maturana (2001). Nesta perspectiva, o cuidado significa um gostar de si como primeiro passo para o gostar do outro. Este outro tanto pode ser o colega ao lado, como a escola, como a comunidade, enfim, o planeta. Aqui reside o sentido ecológico do *cuidado* em Maturana.

duzir aqueles(as) que nela chegam. Não raro constatamos que os índices de abandono da escola por jovens e adultos alfabetizandos são muito elevados. As razões são as mais diversas. Vão desde o abandono puro e simples, por perda do interesse pelo estudo, passam por questões de foro íntimo como doenças de familiares, sofrimentos psíquicos, problemas sociais diversos, indo até casos em que o(a) alfabetizando(a) estava desempregado e ao conseguir um trabalho deixa de estudar por excesso de cansaço, por diminuição do seu tempo disponível, pela distância entre o trabalho e a escola, etc. Triste ironia esta. Justamente no momento em que a continuidade dos estudos pode significar uma melhoria em sua qualidade de vida, através de um passo em direção à inclusão, ele acaba deixando de estudar.

Este conjunto de dificuldades, decorrentes, em boa parte, da especificidade do trabalho com jovens e adultos, está colocando para a escola uma tarefa da maior envergadura. Tal cenário está a exigir de todos(as) nós, educadores(as) e gestores(as) dos sistemas de ensino, um permanente e radical repensar de nossas representações e conceitos sobre educação, bem como de uma profunda mudança em certas atitudes e práticas pedagógicas. Este cenário que hoje vivemos na escola em geral, e na escola de jovens e adultos em particular, está a demonstrar, a denunciar, a falência de um certo modelo de ensino e de escola. Um modelo semelhante ao denominado por Arroyo (2004) de *Imagens Quebradas*. Em tal modelo de escola, tanto educadores(as) como educando(as) eram representados por metáforas que não mais dão conta de dizer dos(as) alunos nem dos educadores(as) de hoje. Eram alunos vistos como "plantinhas, massinhas, fios maleáveis... e ao longo da história da pedagogia múltiplas metáforas tentaram dar conta do ofício de ensinar e de educar: parteiras, jardineiras, artífices, bordadeiras..." (ARROYO, 2004: 10). Se antes já não era tão fácil colar estas representações com as reais identidades de educadores(as) e de educandos(as) imagine-se nos tempos atuais de pós-modernidade em que as representações e imaginários sociais de educandos(as) e de educadores(as) passam por aceleradas e radicais transformações afetivas, simbólicas, psicológicas. Enfim, culturais. Para o trabalho com jovens e adultos o alerta feito por Arroyo é de uma atualidade e pertinência dramáticas. Para ele as metáforas antes usadas não dão minimamente conta no sentido de ajudar a entender que estes jovens que chegam à escola acabam, muitas vezes, rejeitando-a. Na sua opinião, estamos frente a uma escola que perde seu significado por não se dar conta de que os educandos(as) que a ela estão chegando são outros(as). Não são mais aqueles com os quais ela estava acostumada e para os quais estava "preparada" (ARROYO, 2004). Aqui pode estar um pouco da explicação para tanto desassossego na escola nos dias de hoje. Não por acaso, quando discute-se com os(as) educadores(as) as dificuldades do exercício profissional, com muita facilidade aflora uma espécie de saudade, um sentimento nostálgico em relação a uma escola distante onde tudo era perfeito. Onde existiam alunos disciplinados e professores competentes. Alunos que aprendiam e professores que eram exigentes. Enfim, uma escola quase perfeita. Quem de nós já não se deparou com um cenário deste tipo nas jornadas e cursos de formação ou até mesmo em nossas aulas na pós-graduação, principalmente quando estão presentes professores(as) já há um certo tempo no exercício da profissão?

Não é difícil perceber como são muitos e de grande proporção os desafios a serem enfrentados pela escola no trabalho educativo com jovens e adultos. Entretanto, um deles está a tirar o sono tanto dos professores e professoras que atuam diretamente nas salas de aula de EJA, quanto dos(as) pesquisadores(as) e formadores(as) de professores(as) para a alfabetização de jovens e adultos. Refiro-me aos cursos de formação continuada que têm como finalidade contribuir para diminuir as debilidades da formação inicial dos(as) professores(as) de EJA. Para Viana, Valentim, Lobato e Sales (2004: 120) talvez o maior desafio para a escola de EJA seja "constituir, prioritariamente, um espaço-tempo de conhecimento e de exercício de direitos, para sujeitos que sofrem ou sofreram sérias interdições em campos substantivos da vida".

Vejo nas palavras destes autores e autoras uma estreita relação com o que Boaventura Santos (2000) chama de processos de silenciamento e de desconsideração pelas diferentes formas de saber que não o conhecimento científico. Mais uma vez fica explícita a urgência em repensarmos os papéis e/ou as funções para essa instituição tão importante chamada escola. Isto não só é urgente como é uma questão de prestação de contas a esta grande parcela da sociedade que teve negada uma das conquistas/promessas básicas da modernidade: o acesso a educação pública e de qualidade para todos(as) os(as) cidadãos e cidadãs.

Em um belo texto intitulado *Elogio do fogo – Uma imagem do estudante* o pedagogo espanhol Jorge Larrosa Bondía conta uma pequena história – de origem hassídica – sobre o estudante, os livros e uma certa *Casa do Estudo*. Conta ele que certa feita uma "pessoa do povo" passa pela frente de uma destas *Casas do Estudo* famosa e com medo de entrar confessa:

> Não, eu não posso entrar aqui... tudo está cheio aqui dentro. De parede a parede e do solo ao teto, tudo está cheio das palavras sábias e das orações piedosas que aqui se hão pronunciado. Onde poderia encontrar um lugar para mim? Vendo que todos os que o acompanhavam o miravam sem compreender disse: "De todas essas palavras ditas desde a borda dos lábios pelos que rezaram e pelos que ensinaram, nem uma só subiu aos céus. Nem uma só palavra foi levada daqui por um alento do coração. Por isso tudo o que foi dito permaneceu na Casa do Estudo. E a Casa do Estudo terminou por ficar cheia de parede a parede e desde o solo ao teto" (LARROSA, 1995: 88).

Essa pequena história hassídica mantém um quê de atualidade se pensarmos sobre como ainda insistimos em representar aos que sabem e aos que não sabem aquilo que sabemos – e da forma como sabemos. A forma como a professora respondeu ao aluno da EJA, sobre a pergunta de onde ficava sua sala de aula, é uma demonstração de como ainda estamos presos a uma determinada compreensão do papel da escola, do professor e do estudante.

Tão forte é o apelo cultural sobre os papéis que os assumimos sem nem ao menos percebermos seu ridículo e/ou sua total inadequação para os tempos de pós-modernidade em que estamos mergulhados. Esta cultura de estabelecimento de papéis – quem sabe e quem não sabe, por exemplo – está muito condicionada à forma como o processo social em geral, e o educativo em particular, se articulou no sentido de silenciar, desqualificar, humilhar as diferentes formas outras de conhecimento e, consequentemente, todos e todas àquelas pessoas que as professam.

Notemos que o aluno que fez a pergunta para a professora já assumiu previamente sua condição de nada saber – "sou da turma dos burros... da sala dos que não sabem nada". Sua assunção desta condição aconteceu com tamanha naturalidade que nem ele próprio foi capaz de perceber em que posição se estava colocando. Por outro lado, a resposta da professora foi, também, tão "natural" e espontânea que sem dúvida alguma nem passou pela sua cabeça a radicalidade do que ela acabara de dizer/fazer. Ela não teve a mais vaga ideia de como tinha simplesmente reforçado, naturalizado, algo que de natural não tem nada. Ao contrário, tem tudo a ver com uma construção social, histórica, política, ideológica. Enfim, uma construção tipicamente cultural – dizendo melhor: perversamente cultural. Ao não perceber a importância pedagógica de sua resposta a professora deixou passar desapercebida uma excelente oportunidade para mostrar, concretamente, que a alfabetização não deve se restringir a uma mera técnica onde apenas se busca reconhecer e memorizar letras e fonemas para a construção de palavras. Difícil não lembrar aqui do alerta de Freire nos idos da década de 1970 quando dizia que devemos incentivar o analfabeto adulto a ver-se como um agente de sua aprendizagem. Com isto estamos rompendo com a ideia tão antiga e conservadora de que a alfabetização se resume a uma técnica de aprender a ler e a escrever.

Técnica, esta, que, se for bem "executada", bem "aplicada", certamente irá "erradicar" a "chaga" do analfabetismo. Freire foi um incansável questionador deste tipo de tratamento semântico dado para a questão da alfabetização de jovens e de adultos. Tal compreensão, não raro, acabava levando a que alfabetizados(as) se transformassem em nada mais, nada menos, que meros objetos de um processo técnico de aquisição da leitura e da escrita. Com isto pode-se até estar alfabetizando pessoas, contudo, em muito pouco ou em nada estaremos contribuindo para que estes homens e mulheres sintam-se integrados e integrantes no/do processo ecológico e social. Continuam tendo negado a eles(as) o direito elementar de serem os e as condutores e condutoras de suas existências. Nestes casos estamos frente a um típico exemplo de alfabetização que contribui muito pouco para aquilo que Freire (2000: 51) denominou de "Processo de alfabetização de adultos como ação cultural para a libertação". Para este educador temos que ter sempre presente que alfabetizar-se é

> entender o que se lê e escrever o que se entende. É comunicar-se graficamente. É uma incorporação.

> Implica não uma memorização mecânica das sentenças, das palavras, das sílabas, desvinculadas de um universo existencial – coisas mortas ou semimortas –, mas uma atitude de criação e recriação. Implica uma autoformação da qual pode resultar uma postura atuante do homem sobre seu contexto (FREIRE, 1979: 72).

A grande vantagem de partir do contexto, da realidade, do território simbólico do alfabetizando é que quanto mais "colarmos" nossa prática educativa às imagens e representações simbólicas de educandos e educandas adultos maiores serão nossas chances de darmos voz e vez aos mesmos(as). Na medida em que partimos para um diálogo com este ser simbólico e social estaremos rompendo também com outra ideia nada solidária em educação: a ideia de que alguém faz o outro aprender. Novamente recorro a Freire, da década de 1970, quando este reafirmava que no trabalho com adultos analfabetos

> a alfabetização não pode se fazer de cima para baixo, nem de fora para dentro, como uma doação ou uma exposição, mas de dentro para fora pelo próprio analfabeto, somente ajustado pelo educador. Esta é a razão pela qual procuramos um método que fosse capaz de se fazer instrumento também do educando e não só do educador e que identificasse o conteúdo da aprendizagem com o processo da aprendizagem (FREIRE, 1979: 72).

Fazendo uma analogia entre a ideia freireana e a *Casa do Estudo* retomo Larrosa ao comentar a pequena história hassídica e criticar um determinado tipo de escola onde só falam os que sabem. Não por acaso são eles os mestres. Os sábios. Os que dominam essa seleta e especial habilidade concedida a uns poucos iluminados e eleitos: a capacidade de aprender. São estes que irão fazer com que os outros aprendam.

Numa tal escola haverá lugar para o estudante? Haverá lugar para os que NADA sabem? Afinal, a casa já está cheia de parede a parede, do solo ao teto. Cheia de livros, de professores(as), de palavras sábias e de incompreensões, arrogâncias e de pouca disposição para o diálogo pedagógico com os que SABEM de forma diferente... como é o caso dos(as) alunos e alunas da Educação de Jovens e Adultos.

3 Diálogos e sustos

Vivendo e aprendendo

Homem, árvore de imagens, palavras que são frutos, que são flores, que são atos (Octávio Paz).

O momento em que estamos vivendo, em relação ao trabalho educativo com Jovens e Adultos, está passando por um intenso processo de avaliação e reavaliação. Muito se avançou. Muito se tem questionado sobre nossas práticas educativas, avaliativas, pedagógicas, didáticas. Enfim, nossas diretrizes curriculares, formativas, iniciais e continuadas de professores(as), estão em discussão. De outra forma, as políticas públicas de gestão educacional estão sendo vistas e revistas. Isto é muito bom.

A Educação de Jovens e Adultos, por ter em sua origem a ideia generosa de que se aprende por toda a vida e de que a alfabetização é um passo fundamental na construção da autonomia de homens e mulheres no mundo, tem o compromisso de estar permanentemente atenta às mudanças que acontecem na sociedade. Na opinião de Oliveira e Paiva (2004: 8-9) a EJA ganha força e pertinência como educação continuada, entre outras questões, em função de ser um processo que se constitui a partir do entendimento de que

> os processos de intervenção pedagógica realizados com sujeitos jovens e adultos, de qualquer nível de escolaridade, originados para fins diversos, partem da concepção de que a aprendizagem é a base do estar no mundo de sujeitos, que por esses processos educativos respondam melhor às exigências de: produzir a existência (pelo trabalho); produzir suas identidades (de gênero, de classe, de categoria profissional, etárias, etc. tanto individuais quanto coletivas); exercer a democracia, constituindo práticas cotidianas de participação e de resistência como formas de viver a cidadania; participar das redes culturais e sociais que envolvem o código escrito e que definem, em suas sociedades grafocêntricas, o ser cidadão e o exercer a cidadania.

Na primeira parte deste livro o relato apresentado pela professora-diretora de escola sobre sua representação sobre o aluno "presidiário bandido" foi por ela percebido no dia seguinte. Contudo, isto só aconteceu em função de um encontro futuro com o aluno em questão e ela teve a oportunidade de ser desafiada em perceber a dimensão de suas ideias e preconceitos. Afinal apareceu na sua frente uma figura humana totalmente diferente da representação que ela havia construído anteriormente. Esta presença, agora não mais uma representação imaginária, a desafiou a (re)desconstruir suas concepções e verdades. Algumas das quais já bastante cristalizadas em seu imaginário social. Em se tratando do processo educativo de jovens e os processos de construção de valores é importante o que afirma Oliveira (1997: 63). Para esta autora "a escola instituída e sancionada pela sociedade existe como um sistema simbólico, no qual se combinam componentes funcionais, sempre presentes na vida institucional, e componentes imaginários". Para a autora os estudos sobre representações e imaginário social nos possibilitam uma aproximação com estas construções imaginárias de educandos e educandas. Isto nos permite identificar algumas das representações que solidificam a realidade, ao mesmo tempo em que ajudam a perceber os movimentos que se dão "entre o que é e um possível dever ser, entre o que tem sentido e o que não faz mais sentido" (OLIVEIRA, 1997: 55).

É *neste* e *deste* entrelaçamento entre realidades e representações imaginárias que determinadas crenças, valores, conceitos, preconceitos, estereótipos se constroem e vão, com o passar do tempo, constituindo-se como verdades. Decorre daí um processo de cristalização de hábitos e costumes de difícil alteração. Formam como que um texto de tecido sólido, rígido. Este não é um texto qualquer. É um texto que é tecido, tramado, não apenas por palavras e por gestos, mas, também, por experiências e representações imaginárias. Este tecido imaginário compõe um texto – no caso a vida de cada um – capaz de informar e comunicar representações sociais presentes no imaginário de pessoas ou de grupos sociais (BARCELOS, 2003). Uma destas representações cristalizadas é a de que algumas pessoas ou nasceram incapazes de aprender ou estão velhas demais para continuar aprendendo.

Na formação de professores(as) este olhar para "dentro de si" buscando reconhecer nossas próprias representações é um movimento que não pode ser desconsiderado. Arrisco-me a dizer até que podemos começar deste lugar. Já afirmei em certa ocasião que em nossa trajetória de formação como educadores e educadoras

> devemos começar por *nós mesmos*. Pela busca de conhecermo-nos um pouco mais. Um pouco mais a cada dia. A cada hora, minuto, segundo. Ou seja: a cada experiência. A cada situação (com)vivida. Seria levar em consideração a máxima de que experiência não se resume ao que nos acontece. Mas, sim, aquilo que fazemos com aquilo que nos aconteceu. É a partir da reflexão sobre a "coisa acontecida" que poderemos (re)pensar nossas ações e atitudes *no* e *com* o mundo (BARCELOS, 2002: 7).

Isto tem a ver um pouco com o que Paulo Freire nos alertava quando afirmava que, mais que seres no mundo, somos presenças no mundo, com este e com os outros e outras. E é a partir do reconhecimento da presença deste(a) outro(a) como um "não eu" que nos reconhecemos como nós mesmos. Para Freire (1977: 20) é esta presença que "se pensa a si mesma, que se sabe presença, que intervém, que transforma, que fala do que faz, mas também do que sonha".

Em um curso de formação de professores(as) de EJA (2004) após o trabalho expositivo de uma manhã reiniciei os trabalhos do período da tarde solicitando que as professoras participantes (só havia mulheres neste curso) falassem um pouco de suas experiências com a EJA, já que ali todas eram atuantes nesta modalidade. Algumas, inclusive, já com larga experiência. Qual não foi minha surpresa quando, após um longo silêncio (que em geral é normal nestas ocasiões), várias professoras disseram que não tinham nada para relatar. Que não tinham nada de importante para apresentar para as pessoas presentes. Após insistir um pouco mais e perceber que elas não iriam mesmo falar de suas experiências tomei a iniciativa e pedi para que uma delas lesse o seguinte depoimento de uma aluna da EJA de um projeto de alfabetização que desenvolvi em uma escola estadual:

> Tentei voltar a estudar por três vez... na primeira fiz a minha matrícula e nem fui até a escola... na segunda fui até o portão do colégio e voltei pra minha casa... na terceira entrei até dentro do colégio... até andei pelos corredor... quando tocou uma sineta saí correndo porta a fora e ganhei a rua... na quarta tentativa em que me matriculei repeti tudo o que tinha feito nas outras vez e fui mais longe... achei a sala de aula onde eu deveria estudar e entrei... levei um baita susto... a professora tinha chegado mais cedo... a danada... e já estava lá dentro... e eu como sou muito envergonhada não tive coragem de voltar pra trás e fiquei sentada lá no fundo daquela sala... as minhas pernas tremiam... não via a hora da infame da sineta tocar de novo e eu me mandar dali... a professora conversou com todos nós... era uma mulher normal... assim até que nem eu... tinha filhos... era casada... fui ficando... voltei no outro dia... no outro... e estou aqui até hoje... ninguém mais me tira da escola... ainda mais que já sei até ler...

Como muito frequentemente ocorre após este depoimento ser lido, a emotividade vêm à tona com muita força. Logo após os primeiros comentários sobre a fala da aluna várias professoras participantes começaram a relatar situações semelhantes a esta vivenciadas por elas em suas respectivas escolas. À medida que cada uma ia falando de suas experiências as outras começavam também a falar das suas. Passados não mais de uns dez minutos estavam todas falando ao mesmo tempo e querendo contar, uma mais apressada que a outra, as suas histórias sobre a EJA. Pedi então que nos organizássemos para que falasse uma de cada vez para que todos(as) nós pudéssemos refletir sobre os relatos e experiências descritas.

A partir de então pude mostrar a elas, concretamente, o quanto eram ricas suas experiências e que o que acontecia em uma escola, município ou estado em muitos casos não diferia muito de outros. Ao mesmo tempo, eram experiências pessoais e carregavam consigo suas especificidades e subjetividades. Tínhamos a tarde para trabalhar e acabamos ficando até o início da noite debatendo e trocando ideias sobre as experiências vividas pelo grupo. Outra importante contribuição tirada pelo grupo foi a reafirmação da importância de darmos atenção para aquilo que fazemos em nossa prática cotidiana escolar. Não foi difícil para o grupo perceber o papel importantíssimo da autoformação aliada à troca de experiências entre colegas. Esse momento de troca é uma excelente oportunidade para fazermos da vivência individual, de um fato vivido no cotidiano, um ponto de partida para a troca de experiências. Pois como muito bem chama a atenção Larrosa (2001), há que dar uma atenção muito especial para aquilo que nos acontece e que nos toca. Aqui reside a diferença entre o simples acontecimento e o que fica em nós deste acontecido. Sim, porque muitas coisas nos acontecem a cada dia, cada hora. No entanto, nem todas elas nos produzem sentidos. Nem todas – ao contrário são poucas – nos levam a parar para pensar, parar para reavaliar, parar para agir de forma diferente. Muitas são as causas para esse *não parar, esse não sentir*. Não esqueçamos que vivemos, hoje, em um mundo paradoxal. Ao mesmo tempo em que temos acesso a tanta informação disponível e circulando em uma velocidade antes nunca vista às vezes nos sentimos totalmente desinformados. A esta verdadeira poluição informacional o pensador francês Edgar Morin (1981) denomina de paradoxo informacional. Algo semelhante ao que o pensamento ecologista chama de "poluição cinza" em contraponto à poluição do verde, esta já bastante conhecida.

Quanto à formação de professores(as) isto tem uma importância muito grande, na medida em que muito mais importante que termos acesso às informações é refletirmos sobre elas, sobre o que delas nos interessa, o que elas nos dizem, o que elas nos produzem de sentidos. Enfim, sabermos decidir o quanto e o que delas é relevante para nossa vida. Há que pensarmos sobre de que forma vamos nos relacionar com tantas e tão complexas informações que nos chegam a todo o momento e através dos mais diferentes veículos e linguagens. É fundamental agregar a este processo informacional um olhar mais ecológico e sensível. Nesta perspectiva, ao se referir ao papel da experiência na formação e na prática pedagógica Larrosa (2001) defende que "experiência é o que nos passa... o que nos toca. Não o que se passa, não o que acontece". Em nosso modo de vida atual passamos correndo de um lugar para outro, pulamos rapidamente de uma tarefa a outra. Contudo, pouco ou quase nada delas, às vezes, nos toca, nos sensibiliza. Um exemplo disto são os muitos professores(as) que trabalham em várias escolas em um mesmo dia. Sem falar aqui de todas as outras atividades que são desenvolvidas nos intervalos entre uma escola e outra, entre uma sala de aula e outra. Segundo Larrosa (2001: 22) parece vivermos de um jeito onde

> dir-se-ia que tudo o que se passa está organizado para que nada nos aconteça... A informação não é experiência. E, mais, a informação não deixa lugar para a experiência, ela é quase o contrário da experiência, quase uma antiexperiência. Por isso a ênfase contemporânea na informação, em estar informados, e toda a retórica destinada a constituir-nos como sujeitos informantes e informados; a informação não faz outra coisa que cancelar nossas possibilidades de experiência.

Uma das maneiras de não sucumbirmos a esse processo de "avalanche" informacional é incorporarmos à formação de professores(as) os saberes gerados na experiência. Para tanto há que valorizarmos as trajetórias profissionais e de vida dos profissionais da educação em geral e em particular dos(as) professores(as) envolvidos com a Educação de Jovens e Adultos. Ou seja: (re)pensar sua prática a partir da (re)significação de suas experiências, vivências e representações imaginárias sobre sua condição de educador(a) e de pessoa.

Este processo de reflexão sobre si próprio é uma ótima maneira de passarmos da condição usual de observadores para observados. E, o que é fundamental neste processo: nos colocarmos na condição de observadores de nós mesmos. O pensador chileno Humberto Maturana (1995: 66) dá um exemplo do impacto desta passagem de observador do outro para observador de si, relatando a seguinte situação:

> No zoológico do Bronx, em Nova York, há um grande pavilhão especialmente dedicado aos primatas. Lá podemos ver de perto chipanzés, gorilas, gibões e muitos macacos do Velho e do Novo Mundos. No entanto, nossa atenção é atraída para uma cela separada, nos fundos do pavilhão, cercada por fortes grades. Quando nos aproximamos, lemos a seguinte placa: "O primata mais perigoso do planeta". Ao olhar por entre as grades, vemos, com surpresa, nosso próprio rosto. Esclarece o letreiro que o homem já destruiu mais espécies sobre o planeta do que todas as outras espécies conhecidas.

Esta situação relatada nos dá uma vaga ideia de como podemos nos sentir ao ter a oportunidade de pensar, refletir, sobre nossas ações, nossas práticas e representações imaginárias como seres no mundo. Neste momento temos um exemplo de como nossa vida pessoal é, grande parte do tempo, cega sobre si mesma. É desta *cegueira* que Maturana está nos falando quando propõe a necessidade de conhecermos o nosso mundo das experiências para, assim, conhecermos um pouco mais sobre nós mesmos. Romperíamos a premissa da cultura ocidental da cegueira de si. Paradoxalmente, ao mesmo tempo em que não procuramos nos conhecer somos pródigos em "conhecer" os outros e outras. Os exemplos disto estão no nosso cotidiano. É fácil de verificá-los, por exemplo, nos corredores de nossas universidades, onde temos um grande número de colegas que se preocupam em "conhecer" mais a vida dos e das outras pessoas que a sua própria. Nas escolas isto não é muito diferente. Uma das razões que nos levam a evitar este ato de refletir sobre nossas condutas e/ou experiências é a sensação desestabilizadora produzida pela circularidade assustadora de estarmos utilizando para nos analisar o mesmo instrumento com o qual analisamos os outros e outras. É como propor que o olho que olha veja a si próprio. Pode-se não gostar daquilo que se poderá ver.

Uma das contribuições mais generosas da educação, como um ofício e um ato político, é mostrar que certas verdades e representações cristalizadas em nossa sociedade não passam de mais uma das tantas representações construídas histórica e culturalmente. Portanto, podem ser (re)desconstruídas. Esta desconstrução já começou. Mesmo com todos os equívocos e desencontros, já existe um grande número de experiências de Educação de Jovens e Adultos sendo desenvolvidas por um outro sem número de professores e professoras por este Brasil afora.

4 Silêncios que viraram vozes

A (re)invenção de si

A vida é um tecido, quase um texto. Melhor dizendo, um texto é um tecido feito não só de palavras, como, também, de experiências e de visões (Octávio Paz, 1994).

Outra questão que ainda gera muita polêmica entre os profissionais da educação em geral, e da Educação de Jovens e Adultos em particular, é a da pergunta se a EJA teria a capacidade de contribuir, de facilitar o processo de rompimento com a exclusão social. Em sua dissertação de mestrado, Santos (2003) pesquisou se a EJA se constituiu em uma contribuição em favor da efetivação da cidadania. A autora constatou, entre outras questões ao final de sua pesquisa com jovens e adultos alfabetizandos, que a passagem dos mesmos por esta modalidade de ensino foi um fator importante no processo de conquista e ampliação dos espaços de participação social e política dos(as) alunos(as) da EJA.

Algumas falas de alunas alfabetizandas em um projeto noturno que desenvolvi no ano de 2003 ilustram esta possibilidade. Ao se manifestar sobre a importância de voltar a estudar elas afirmaram que isto alterava significativamente suas vidas. Pode-se perceber isto em narrativas como a seguinte:

> Significou muito... Sempre sonhei em voltar estudar, graças a Deus, hoje meu sonho se tornou realidade. Este ano de 2003, consegui muitas coisas uma delas foi voltar a estudar... estudar é muito importante, para nossa vida, para nosso futuro...

A inclusão não é vista apenas nos seus aspectos objetivos – facilitar acesso ao emprego, ao domínio da leitura e da escrita, passo para "subir" na vida, para "vencer" na vida – mas também, e isto é extremamente generoso, significa a reconquista de um sentimento de pertencimento. Pertencimento, fator, sentimento, sensação tão importante em qualquer nível do processo educativo bem como da construção de qualquer pessoa. É esta sensação que em muitos casos pode fazer a diferença entre o(a) educando(a) permanecer na escola ou dela se afastar. Tal situação ficou explícita em grande parte das falas. Por exemplo, nas seguintes manifestações:

> Voltar a estudar foi a melhor, coisa que eu fiz... ficava em casa pensando bobagem aqui conheci, os meus colegas a professora, agente gosta muito dela ela é legal com nós...

> É retornar parte de nossa vida porque estudando soma conhecimento em todas as matérias e também de novas pessoas e amizades...

A inclusão não foi vista por alunos e alunas da EJA como o resultado de uma concessão, de um favor. Ao contrário, era vista como uma conquista de cada um. Isto tem um papel fundamental na abertura de novos horizontes representacionais e geradores de novas atitudes frente ao mundo. A narrativa seguinte, ouvida de uma senhora alfabetizanda, é representativa do que acabo de dizer:

> Eu ficava muito envergonhada de dizer que estava no primeiro ano... mentia para a minha vizinha... dizia pra ela que já estava lá no segundo grau e me preparando para a faculdade... um dia pensei... mas porque estou mentindo... ninguém tem nada com isto... eu é que mando na minha vida... daquele dia em diante saía de casa de nariz empinado e dizia que estava aprendendo a ler e a escrever...

Nem mesmo o cotidiano doméstico, familiar, passava incólume pelas transformações desencadeadas pela decisão de voltar a estudar. Conta uma alfabetizanda que quando comunicou para a família (filhos, filhas, e marido) que havia se matriculado na EJA noturna ninguém a levou muito a sério. Afinal ela era vista como uma pessoa muito acomodada e totalmente voltada para o cuidado da família – como deve ser o comportamento de uma dona de casa dedicada(!). A surpresa foi grande quando uma semana antes de começarem as aulas ela chegou do centro da cidade com seus "apetrechos de aprender" – palavras dela. A futura aluna tinha comprado caderno, lápis, borracha, régua. Sem esquecer, é claro, de uma bonita pasta colorida onde os "apetrechos de aprender" estavam bem acomodados. Mesmo assim não convenceu ainda os familiares de que ela estava falando sério. Tanto isto é verdade que, quando saiu de casa no primeiro dia de aula para ir para a escola, todos ficaram entre apreensivos e desconfiados. O mais desconfiado, na verdade, foi o marido. Afinal de contas o que aquela mulher ia fazer saindo de casa à noite e dizendo que ia estudar? E ainda mais depois de velha? Para complicar ainda mais as coisas, e deixar o marido mais "quizilento" – expressão da alfabetizanda –, a mulher tomava banho, botava-se toda cheirosa e vestia o melhor vestido. Resultado: esta senhora ganhou a companhia do marido para ir e para voltar da escola. Foi a maneira que ele encontrou para se certificar de que não estava levando "galho" – expressão da aluna. Nas suas palavras:

> Meu marido não acreditava que eu estava mesmo indo estudar... até veio comigo até a escola por vários dias... até que viu que eu só estava mesmo era estudando... então voltou a ficar em casa tomando mate e me deixou estudar sossegada... confesso que até gostei um pouco de ser levada e buscada na escola depois de tantos anos de casada...

O rompimento com os silenciamentos impostos por toda uma história de discriminações e de violências públicas e privadas também puderam ser percebidos, ao longo do curso, através de muitas manifestações estéticas nos trabalhos realizados[4], ou em falas como:

> A gente antes ficava com vergonha do professor e não perguntava... ia falar bobagem... ia mostrar que era burra... aí a gente pedia para o vizinho do lado (vizinho aqui era o colega aluno)... as vez ele ajudava outras não sabia... até ensinava errado... aí virava mais confusão... mas no fim a gente sempre

---

4. Durante as aulas regulares eram proporcionadas atividades onde os(as) alfabetizandos(as) construíam seus itinerários diários (casa/trabalho/escola/casa); assistiam filmes e discutiam sobre os mesmos; ouviam músicas; produziam desenhos e selecionavam imagens e notícias veiculadas em jornais e revistas.

> aprende alguma coisa com os outros... agora não eu não tenho mais medo da professora...

Outra alfabetizanda reforça esta conquista de espaço e de voz, ao mesmo tempo em que faz uma curiosa referência a sua atual professora:

> Antes eu tinha muita vergonha de falar na frente dos filhos... nas festas... quando saía para fazer compra nas loja do centro me cuidava para não falar tudo errado... agora não... até já estou falando certo... ainda mais com essa professora amiga que nós temos aqui... ela não é só professora é uma mulher normal... assim que nem a gente... aí fica mais fácil a gente aprender...

A narrativa acima vem ao encontro do que defende Fleuri (1989) em seu livro *Educação para quê?* Ao discutir as relações autoritárias e verticais que marcaram, e ainda marcam, a nossa escola o autor defende a necessidade do(a) educador(a) incentivar a criação de espaços onde educandos e educandas possam exprimir com liberdade e autonomia sua opiniões, desejos, dúvidas. Enfim, que o espaço da sala de aula se transforme em um território de conflitos de ideias, concepções e de representações imaginárias de mundo. Ao contrário do que às vezes é dito, o conflito de ideias no espaço pedagógico não é desagregador, mas sim, ajuda a romper com a cultura do egoísmo, da intolerância, da competição, do cada um por si e Deus por todos. Estaremos com isto incentivando valores outros que não o da competitividade que leva, invariavelmente, à derrota do outro. Ao aniquilamento do diferente. Competição não rima com educação e, muito menos, com a construção de um mundo social e ecologicamente mais justo

(BARCELOS, 2003). O desafio do estabelecimento de diálogo entre educandos(as), educadores(as) e dos próprios(as) educandos(as) entre si é um passo decisivo no processo de alfabetização de adultos. É através deste diálogo que podem aflorar as diferenças, as semelhanças, bem como os problemas comuns do grupo participante. Para Fleuri (1989: 59),

> o diálogo e a participação entre as pessoas ocorrem a partir e em função dos problemas que se enfrentam em conjunto. Os problemas que emergem da vida e da prática social se tornam, portanto, o objeto principal de conhecimento, o conteúdo próprio da prática educacional. Na busca de compreender e resolver os problemas que surgem da própria prática, as pessoas discutem, trocam opiniões e experiências, buscam informações e elaboram novos conhecimentos. O diálogo sobre os problemas vividos se torna, pois, a base principal de aprendizagem e de elaboração teórica, que se faz de maneira estritamente ligada à prática.

Em uma das narrativas selecionadas anteriormente, em que o(a) alfabetizando(a) diz de seu medo e da dificuldade de perguntar para a professora, podemos perceber como a postura do(a) educador(a) pode facilitar ou dificultar a relação ensino/aprendizagem. No trabalho com alfabetização de adultos o cuidado neste sentido deve ser redobrado. Na medida em que estamos frente a pessoas que, muito provavelmente, já passaram por experiências escolares as quais não foram as mais democráticas, solidárias e pedagogicamente ecológicas. Se a reprovação, que leva à repetência, é um dos fatores-chave no abandono da escola, a postura pouco dialógica do(a) educador(a) não fica nada a lhe dever. Não por acaso percebemos em muitas falas de alfabetizandos adultos um grande medo do que lhes espera na escola. Isto fica explícito em muitas das narrativas. Vejamos algumas delas:

> Quando eu decidi vim pra a escola de novo me bateu um medo muito grande... eu ficava pensando no que ia acontecer lá... eu ia acabar fazendo era muita bobagem...

> No primeiro dia que fui para o colégio eu nem tinha levado caderno e lápis... mas a professora foi boazinha e me deixou ficar mesmo assim... só ouvindo... eu nem imaginava que podia ficar lá sem fazer nada...

> É muito errado ter medo da escola...

> Eu tinha muito medo de voltar para escola... as prova davam pavor na gente...

> Fui me afastando do colégio... até que arrumei um emprego... aí sim me livrei do professor...

Como podemos perceber nestas falas – muitas outras expressas no curso trazem conteúdo representacional semelhante – o medo da escola é uma presença muito forte. Muitas questões poderiam ser aqui colocadas sobre as possíveis origens deste sentimento em relação a esta instituição que foi criada para receber as pessoas de forma acolhedora e não como um local que lhes cause tanto medo e desconfiança. Quando uma aluna se pergunta sobre as "bobagens" que ia acabar fazendo está nada mais nada menos que trazendo à tona um conjunto de lembranças, de representações imaginárias decorrentes da sua experiência com a escola. Isto, muito provavelmente, tem a ver com a ideia já anteriormente explicitada de que a escola é um lugar onde uns sabem tudo (nós professores e professoras) e outros não sabem nada (educandos e educandas). Algo como a *Casa do Estudo*, da história assídica contada por Larrosa. Isto também ficou muito evidente no diálogo já transcrito entre o aluno (da turma dos que não sabem nada, dos burros) que procurava pela sua sala de aula e a professora que sabia tudo. Sem falar que podemos nos indagar sobre o que seriam as "bobagens" a que ela se refere. Qual o critério para o estabelecimento do que é importante e o que é uma "bobagem" no processo educativo. Enfim, como se constroem estas representações? Quem tem a função de estabelecer isto na escola?

Outra situação emblemática é a trazida pela alfabetizanda que se refere ao fato de ficar na escola "sem fazer nada, só ouvindo". Esta fala nos remete a uma série de indagações sobre o que nós professores e professoras ainda entendemos por relação ensino/aprendizagem, por práticas didáticas e metodológicas. Enfim, nos desafia a (re)pensar todo um conjunto de representações sobre o que significa ensinar/aprender. Nos desafia a buscar a (re)significação de todo um repertório de conhecimentos e verdades cristalizadas no imaginário social e educacional vigente. Um imaginário onde as professoras são classificadas de "boazinhas" pelo fato de deixar educandos e educandas falar, perguntar, enfim ficar na sala de aula "sem ter caderno". Mary Rangel (2001) em uma pesquisa sobre as representações de alunos(as), professores(as) e de pais de alunos(as) sobre o que é um "bom professor" assim se manifesta sobre quem é este profissional:

> Ele sabe o que ensina e, por isso, o faz com clareza, elucidando e exemplificando conceitos, aproveitando e articulando o saber do aluno ao saber acadêmico, utilizando formas de ensinar diversificadas, de acordo com a matéria, o aluno, os recursos, as circunstâncias, estimulando o aluno à palavra e à ação, entendendo-as como forças políticas de um povo (RANGEL, 2001: 59).

Ao atentarmos para as relações entre educandos(as) e educadores(as) fica difícil não comentar a representação que emerge sobre a avaliação em narrativas como a seguinte: "as prova davam pavor na gente..." Como nós educadores e educadoras conseguimos construir um mecanismo de avaliação tão inusitado? Sim, porque não é fácil encontrar alguém que esteja satisfeito com a maneira como avaliamos na escola. Mas então por que não a mudamos? Por que não pensar e executar processos avaliativos que ao invés de punir, de hierarquizar nos ajudem a entender nossas próprias fragilidades? Um processo avaliativo que sirva como fator de reorientação e realimentação do trabalho a ser continuado (FLEURI, 1989). Não é meu objetivo neste texto discutir aprofundadamente a questão da avaliação em geral e na EJA em particular. Contudo, não há como deixar de discutir alguns tópicos deste tão importante tema educacional. Até porque, como escrevi anteriormente, ela – a avaliação – tem uma grande responsabilidade pelos altos índices de abandono da escola.

Numa educação que tenha como meta a inclusão e a ampliação dos espaços de participação na cultura, a avaliação precisa estar atenta para a articulação entre o que se propôs e o que se está conseguindo realizar efetivamente. É a partir dos resultados desta análise que os(as) educadores(as), dialogando com os(as) educandos(as), podem (re)pensar suas práticas de trabalho. Como muito bem defende Fleuri (1989: 59):

> A partir desta análise, o grupo pode reelaborar os objetivos em função das atividades realizadas e das perspectivas abertas ou fechadas no contexto; ou reorganizar as atividades de modo a adequá-las aos objetivos e aos recursos ou aos impedimentos da situação; ou então, verificar que mudanças ocorreram na conjuntura a partir da ação realizada ou quais são necessárias em função dos objetivos.

Por outro lado, os processos e métodos avaliativos educacionais estão intimamente ligados ao que eu penso, entendo e onde eu quero chegar com a educação. Isto tem a ver, necessariamente, com o modo como nós trabalhamos o conhecimento na educação. Como já referi anteriormente, é fato corriqueiro ouvir-se que não estamos satisfeitos com os processos de avaliação em curso na escola. Mais descontentes ainda estamos com os seus resultados. Somos capazes de discordar até das nossas práticas avaliativas cotidianas. Contudo, e paradoxalmente, não é menos corriqueiro ainda o fato de mesmo não concordando com estas práticas não as mudarmos, ou pouco fazermos neste sentido. É importante atentar para o que diz uma reconhecida pesquisadora do assunto:

> A contradição entre o discurso e a prática de alguns educadores e, principalmente, a ação classificatória, exercida pela maioria, encontra explicação na concepção de avaliação do educador, reflexo de sua estória de vida como aluno e professor. Nós viemos sofrendo a avaliação em nossa trajetória de alunos e professores. É necessária a tomada de consciência dessas influências para que a nossa prática avaliativa não reproduza, inconscientemente, a arbitrariedade e o autoritarismo que contestamos pelo discurso (HOFFMANN, 1993: 12).

Frente a uma constatação tão pertinente quanto a feita acima por Hoffman caberiam algumas perguntas:

- Por que tanta passividade?
- Será temor de nos arriscar a situações desconhecidas?
- Será falta de iniciativa individual?
- Será falta de orientação administrativa?
- Será deficiência em nossa formação profissional?
- Será carência de pesquisas teórico-epistemológico-práticas a este respeito?
- Será falta de literatura sobre esta temática da educação?

Acredito ser de fundamental importância e urgência buscarmos algumas respostas para estas questões. Ou pelo menos elas devem servir de inquietação, de desafio para nos impulsionar em direção à construção de alternativas que (re)(des)construam nossas práticas em avaliação, onde esta passe a ser vista não mais como uma punição e/ou sofrimento. Como disse acima Hoffman "sofremos a avaliação". De outra forma, continuaremos realizando uma prática avaliativa que prima pela hierarquização, pela classificação e pela conduta autoritária e disciplinarizante, tão prejudicial à construção de um processo ensino/aprendizagem libertário – no sentido ecologista desta expressão. Uma aluna do Ensino Médio ao se referir ao processo avaliativo que conhece dá um depoimento que considero uma síntese do que temos, hoje, em educação, e ao mesmo tempo um exemplo de para onde este modelo pode nos encaminhar:

> Com o tempo, percebi, na escola, que cada tarefa que eu fazia tinha um preço. Quando pequena, gostava de fazer tarefas e fazia para aprender. Hoje, exijo preços altos para minhas tarefas. E vocês me ensinaram assim (HOFFMANN, 1993: 63).

A fala acima, transcrita de uma pesquisa feita por Hoffmann, acredito que não precisa de maiores comentários sobre a inadequação do processo avalitivo hegemônico. Ela nos ajuda, também, a entender um pouco das falas dos adultos alfabetizandos e de suas representações sobre a escola. Em um curso de formação continuada sobre EJA, para um grupo de professoras municipais, um dos tópicos discutidos era justamente a avaliação na EJA. Após a apresentação de algumas ideias sobre a avaliação em geral na educação passamos a discutir a avaliação na especificidade da EJA. O que pude perceber de imediato foi que tudo aquilo que condenamos como processo avaliativo na educação regular (por educação regular estou me referindo aos turnos diurnos de alfabetização de crianças nos anos iniciais) era simplesmente transposto para a EJA. Esta é mais uma comprovação de que existe uma série de dificuldades enfrentadas no trabalho com a EJA que não decorrem da especificidade desta, mas sim, são uma decorrência de debilidades de nossa formação como educadoras(es) em geral.

Uma das colegas professoras participantes do curso não conseguia imaginar, por exemplo, como ela não daria tarefas para seus alunos fazerem em casa. Os conhecidos "temas de casa". Mesmo com toda a argumentação de que os alunos e alunas da EJA, majoritariamente, trabalham durante o dia, ela não aceitava a ideia de que os temas de casa deviam ser dispensados. Perguntei-lhe, a certa altura, como eles fariam as tarefas se saíam de casa muito cedo e voltavam depois da aula noturna muito tarde, e tendo ainda coisas "corriqueiras" para fazer como: jantar, conversar com esposa ou marido, dar alguma atenção aos filhos, etc. A colega professora respondeu prontamente: "eles têm o final de semana para fazerem as tarefas". Bem, aí só mesmo dando um intervalo.

Curiosamente, ao mesmo tempo em que a escola impõe tanto receio, medo, pânico até, "as prova davam pavor na gente", ela continua exercendo um grande fascínio sobre as pessoas. O retorno à escola é, em muitos casos, um acontecimento esperado, festejado pelos educandos jovens e adultos. Ao lado daqueles que tão logo podem se "livram do professor" temos aqueles que prometem nunca mais abandonar a escola:

> Meus filhos me deram caderno... lápis... tudo de presente... nunca mais vou parar de estudar... a minha vida agora é outra...

Ou então, nesta narrativa com a qual quero dar uma pausa nesta reflexão e partir para algumas considerações. Elegi esta narrativa pela sua riqueza simbólica e representacional de muito do que tentei colocar neste texto:

> Tentei voltar a estudar por três vezes... na primeira fiz a minha matrícula e nem fui até a escola... na segunda fui até o portão do colégio e voltei pra minha casa... na terceira entrei até dentro do colégio... até andei pelos corredores... quando tocou uma sineta saí correndo porta a fora e ganhei a rua... na quarta tentativa em que me matriculei repeti tudo o que tinha feito nas outras vezes e fui mais longe... achei a sala de aula onde eu deveria estudar e entrei... levei um baita susto... a professora tinha chegado mais cedo... a danada... e já estava lá dentro... e eu como sou muito envergonhada não tive coragem de voltar pra trás e fiquei sentada lá no fundo daquela sala... as minhas pernas tremiam... não via a hora da infame da sineta tocar de novo e eu me mandar dali... a professora conversou com todos nós... era uma mulher normal... assim até que nem eu... tinha filhos... era casada... fui ficando... voltei no outro dia... no outro... e estou aqui até hoje... ninguém mais me tira da escola... ainda mais que já sei até ler...

5 Educação de Jovens e Adultos

Ideias e trilhas

5.1. Mas, então... quem é este(a) menestrel pós-moderno?

Sou fio das mata, canto da mão grossa,
Trabaio na roça, de inverno e de
estio,
A minha chupana é tapada de barro,
Só fumo cigarro de paia de mío.
Sou poeta das brenha, não faço
papé
De argum menestré, ou errante cantô
Que veve vagando, com sua viola,
Cantando, pachola, a percura de
amô (*O poeta da roça*, Patativa do Assaré).

Quem é este(a) educador(a) que foi chamado, convidado, às vezes convocado para ser professor(a) na Educação de Jovens e Adultos?

Como aconteceu de alguém que ministrava suas aulas para os anos iniciais, trabalhando, portanto, com crianças, ver-se não mais que de repente envolvido com jovens e adultos em processo de alfabetização?

Quem é este(a) educador(a) que "do dia para noite" viu-se diante de homens e mulheres jovens e adultos(as), não raro de rosto cansado e corpo doído, chegando à escola após uma longa jornada de trabalho?

Quem é este(a) educador(a) que ao invés de crianças vê, a partir de agora, homens e mulheres adultos(as) ocupando as classes que durante o dia eram ocupadas por crianças?

Que sala de aula é esta que não mais vive a algazarra das crianças, mas, sim, abriga o olhar sério, apreensivo, tímido, às vezes assustado de homens e de mulheres que teimam em não desistir de aprender algo tão simples como ler e escrever? Que insistem em não perder a esperança de aprender a "acolherar" as letras e ver no que isso vai dar?

Afinal, que escola é esta que a partir de agora tem em suas salas de aula as mesmas pessoas que um dia podem ter ajudado a lançar seus alicerces, a erguer suas paredes, a colocar o seu telhado?

Que escola é esta que a partir de agora recebe o desafio de ensinar a ler e a escrever àqueles(as) que sem o saber foram capazes de um dia construí-la? Como não lembrar aqui da música *Cidadão*, de Zé Ramalho, quando nos diz:

> Tá vendo aquele edifício moço
> Ajudei a levantar
> Foi um tempo de aflição, era quatro condução
> Duas pra ir, duas pra voltar
> Tá vendo aquele colégio moço
> Eu também trabalhei lá
> Lá eu quase me arrebento

Fiz a massa,
Fiz cimento, ajudei a rebocar
Minha filha inocente vem pra mim toda contente
"Pai vou me matricular"
Mas me vem um cidadão:
"Criança de pé no chão aqui não pode estudar"
Essa dor doeu mais forte
Por que é que eu deixei o Norte
Eu me pus a dizer
Lá a seca castigava, mas o pouco que eu plantava
Tinha o direito a comer...
(Letra: Lucio Barbosa).

Afinal, quem é esta ou este *menestrel* da EJA?

A expressão *menestrel* que aqui uso é uma analogia ao poeta, ao cantador ou trovador nômade plebeu, que na Antiguidade, no período medievo, perambulava pelas praças e ruas das antigas cidades recitando seus poemas ou fazendo serenatas a serviço de um rei ou de uma corte de nobres. Mais recentemente surgiram em algumas cidades dos Estados Unidos um novo tipo de artista popular: os comediantes negros ambulantes chamados, também, de *menestréis*.

Pois se os antigos *menestréis* tinham que encantar os reis e a famílias nobres de então, o que é exigido dos(as) educadores(as) que trabalham com a EJA é uma tarefa não menos difícil: trata-se de encantar – talvez re-encantar – estes homens e mulheres adultos que já passaram por várias experiências de escola, e delas, não raro, têm tristes recordações. É uma tarefa nada fácil.

Talvez uma das grandes diferenças entre os *menestréis* medievais e os *menestréis* da EJA é que, enquanto aqueles podiam até ficar ricos, se caíssem nas graças de algum rei, os *menestréis* pós-modernos da EJA não correm jamais este risco. Haja vista o salário que os governos atuais lhes destinam.

Mas e então, parafraseando o educador Paulo Freire – talvez o maior menestrel da educação brasileira –, quais seriam os *saberes necessários para o(a) educador(a) de jovens e adultos?*

Certamente que não tenho a pretensão de responder, de forma definitiva, a esta pergunta, bem como a todas as demais que poderão surgir a partir de cada leitor e de sua respectiva leitura. No entanto, espero ter, ao longo deste texto, deixado explícitos alguns destes saberes, algumas pistas e trilhas a serem seguidas e/ou (re)inventadas neste caminho ainda por fazer. Caminho que nos leve ao cumprimento desta que foi uma das tantas promessas não cumpridas pela modernidade iluminista: a promessa de escola pública e de qualidade para todos e todas.

Por outro lado, se não disse o que fazer, acredito ter, em vários momentos, sinalizado algumas das tantas representações e atitudes que não é bom que continuemos repetindo em nossas práticas educativas. Como não se cansava de repetir Paulo Freire, assustam mais aqueles(as) educadores(as) que estão cheios de verdades que aqueles(as) que estão carregados de dúvidas. Se no cotidiano de nossas escolas, no trabalho com a EJA, muitos erros nos esperam, muitos sustos nos aguardam nas "esquinas" e nos labirintos da exclusão, muitas surpresas agradáveis também acontecerão. As trilhas estão sendo seguidas, não estão prontas. Se estivessem, trilhas não seriam: seriam avenidas, estradas, rodovias. Seriam rotas seguras. Seriam certezas e verdades.

Ao contrário dos mapas definitivos e dos caminhos já consolidados há que aventurar-se. Arriscar-se por novas trilhas. Não há por que temer as sombras. É nestes territórios de claro-escuro que, como nos ensina Gauthier, através da Sociopoética, habitam o novo, a diversidade, a mistura, a mestiçagem cultural. É desta conversação entre razão e emoção, entre o eu e o outro, entre o conceito frio e o saber afetivo que pode nascer uma forma diferente, solidária e ecológica de construir conhecimento onde, mais importante que elaborar categorias e conceitos, construamos, juntos(as), um novo tipo de saber. Um saber que seja construído não pela via da regulação e do controle, mas sim no partilhamento e na prudência. Isto pode ser feito a partir da construção de "novos conceitos, conceitos-afetos ou confetos" (GAUTHIER, 2001: 56).

O desafio é enorme. Porém, como dizia o criador do *Teatro do Oprimido*, Augusto Boal (2001: 212), "Pra quem quer beber o mar, tempestade é aperitivo". Afinal de contas quem é educador neste país sabe o tamanho da tarefa que tem pela frente. Sabe que precisa ser como os *lavradores de ondas* a que se refere o *menestrel* do teatro popular brasileiro: "Lavra-se uma onda, e tem sempre outra que se aproxima. Mas tem tanto lavrador do mar no Brasil, gente maravilhosa, fazendo coisa. Nós somos um bando de lavradores do mar" (BOAL, 2001: 256).

Assim como os antigos *menestréis* não tinham paradeiro fixo nem seguiam caminhos conhecidos, o trabalho com a EJA exige que estejamos atentos para construir caminhos, a partir das trilhas que estão sendo experimentadas por diferentes educadores e educadoras nas mais diferentes regiões deste país.

5.2. Educação de Jovens e Adultos: abrindo trilhas e refazendo mapas

Os educadores da EJA são os mais recentes andarilhos da educação brasileira. Há que lhes dar atenção. Escutá-los com cuidado. Ouvi-los mais devagar. Atentar para suas histórias. Elas são feitas de pedaços de vida e de morte. De sucessos e fracassos. De avanços e recuos. De alegrias e tristezas. Suas mãos podem estar vazias de verdades, mas seus corações e mentes estão cheios de ideias, de desejos, de aprendizados. Há que exercitar o que nos sugere, anteriormente neste texto, Miguel de Unamuno, que nos convida a escutar o que diz nosso corpo, nossa alma, a medula mesmo de nossos ossos, nossos pulmões, nosso ventre. Enfim, estar atento não apenas à razão, mas, também, ouvir os apelos do coração.

Nesta perspectiva, esses menestréis andarilhos precisam, também, se encontrar. Se reunir para (con)versarem – trocarem versos. Quem sabe organizar um grande congresso que reúna o maior número possível destes andarilhos? Seria como uma grande *tertúlia* ecológica de saberes e de experiências. Um encontro que, como diz a palavra espanhola *tertulia*, significava o lugar onde se reuniam, em grande festa, aqueles e aquelas que queriam trocar experiências e repartir, compartilhar coisas belas. Um tempo-espaço para conversar sobre suas aventuras e, ao mesmo tempo, aproveitar a oportunidade para desancar os burocratas, pessimistas e sensores de plantão.

Chegando ao final desta etapa quero fazer um convite aos e às participantes deste encontro/tertúlia. Trata-se do seguinte: no decorrer deste texto fui espalhando uma série de "sementes". Espero que algumas delas já tenham começado a germinar. Germinação, esta, iniciada a partir da leitura feita por todas aquelas pessoas que aceitaram o convite e fizeram esta viagem através do texto. Convido-as a compartilhar de alguns pontos que vou agora retomar e que considero necessários à formação do repertório de saberes exigidos para o trabalho de educadores(as) de jovens e adultos em geral e, em particular, com a alfabetização.

Em homenagem aos alfabetizandos e alfabetizandas, e por não ver uma hierarquia de importância entre estes pontos elencados, vou apresentá-los em ordem alfabética. Vamos a eles:

Atenção – Há que dedicarmos muita atenção aos saberes e fazeres que cada educando(a) traz consigo para o interior da escola, da sala de aula. Como procurei explicitar no decorrer do texto a EJA está envolvida com um grupo muito particular de educandos(as). Entre estas particularidades está a de que o(a) aluno(a) da EJA já tem uma longa experiência de vida acumulada que merece uma escuta muito especial. Há que ter uma atenção toda especial, por exemplo, com o processo de avaliação que se fará com este grupo em particular. Atenção, esta, que não significa descuidar do acompanhamento sobre se está ou não havendo aprendizado. Ao contrário, é através de um acompanhamento efetivo e afetivo que poderemos reavaliar permanentemente nossas práticas pedagógicas. Este processo de autoavaliação é indispensável para não cairmos na armadilha de deixar escapar deste educando, jovem ou adulto, aquela que pode ser a sua última tentativa de voltar a estudar.

Busca – Se todo o fazer educativo é uma busca permanente, a EJA exige uma revitalização desta a cada dia, a cada hora, a cada minuto. É desta persistência em estar permanentemente buscando dialogar com o imaginário destes(as) educandos(as) que poderá resultar um processo de diálogo pedagógico solidário, ecológico e construtor de um processo de ensino/aprendizagem que conquiste – ou reconquiste –, que seduza ao invés de controlar ou prender. Esta busca cuidadosa pode, quem sabe, dialogar com os silêncios e com os não ditos que, não raro, estão na origem da exclusão escolar.

Cuidado – Assim como a atenção, é necessário termos muito cuidado com a EJA. E cuidado aqui no sentido de incentivar no educador(a) desde o cuidado de si até o cuidado com o outro. Até porque estudantes da EJA, não raro, já passaram por experiências escolares muito dolorosas. Ao mesmo tempo em que este cuidado deve ser incentivado é necessário que o(a) educador(a) da EJA seja um aprendiz junto ao grupo de educandos(as). Não podemos esquecer que o cuidado é um valor e, como tal, não se ensina. Valores constroem-se em espaços de convivência solidários e fraternos. A escola pode, e deve, ser um destes espaços.

Dedicação – Se no processo educativo em geral a dedicação profissional é um dos fatores decisivos para a formação de professores(as), na EJA em particular, esta dedicação se faz necessária com a maior radicalidade. E dedicação tanto efetiva, técnica, quanto afetiva e humanística. Se, por um lado, grande parte de nossas dificuldades no trabalho com a EJA decorrem de deficiências e carências em nossa formação geral e básica de educadores(as), ela pode ser agravada por algumas especificidades do trabalho com a EJA. Especificidades, não custa lembrar, advindas tanto de educandos(as) quanto de educadores(as). É desta dedicação afetiva e efetiva que poderá resultar na EJA a boniteza freireana do fazer educativo.

Escuta – Mais que simplesmente ouvir, há que *escutar* – do latim *auscultare*, que significa estar alerta, atento, disposto ao diálogo com o outro. Ouvir, ouvimos de tudo e o tempo inteiro. No entanto, a escuta exige uma parada. Uma pausa. Escutar é um deter-se. Como muito bem alertou o educador Jorge Larrosa, noutra parte deste texto, andamos tão apressados nos tempos atuais que parar para escutar é quase impossível. Diferentemente de ouvir, escutar é colocar em movimento um de nossos mais importantes sentidos. O trabalho com a EJA exige que sejamos *escutadores* e *escutadoras*. Conta uma lenda que os povos nativos americanos acreditavam que Deus colocou os pássaros canoros a cantar no alto das árvores para que homens e mulheres tivessem de parar e olhar para cima se quisessem ver os pássaros que estavam cantando. Acreditavam eles que com isto os caminhantes apressados poderiam ver, sentir e admirar a beleza do mundo à sua volta. No trabalho com jovens e adultos a escuta de suas histórias de vida são um excelente ponto de partida para nos aproximarmos de seus imaginários e representações de mundo. Imaginários estes que muito têm a dizer sobre as possibilidades de permanecer ou abandonar a escola. São representações que estão *ancoradas* nas suas memórias de escola, de professor. Enfim, da experiência que tiveram com o processo de ensino/aprendizagem.

Felicidade – Algumas palavras parece que foram excluídas do vocabulário cotidiano da escola e de nossas práticas educativas. São expressões como amor, carinho, sedução, paixão, prazer, *felicidade*. Refiro-me tanto à felicidade de aprender quanto de ensinar. Na verdade, na felicidade do ensinar/aprender como um momento indissociável da formação da pessoa. Deste ser inacabado que somos como não se cansava de lembrar Paulo Freire. Na EJA sabemos que boa parte dos(as) educandos(as) estão procurando a escola para melhorar sua condição no mundo do trabalho ou mesmo para acessar a ele. Contudo, isto não deve nos fazer esquecer que a relação com o conhecimento, quando mediada pelos aspectos afetivos e lúdicos, tem maiores possibilidades de acontecer. E isto tanto é válido para o trabalho com as crianças quanto com jovens e adultos. Neste sentido, há que cuidar da alegria, da atenção carinhosa, da delicadeza, da amorosidade na relação educando(a) e educador(a), independentemente do fato de estarmos frente a uma criança ou um adolescente ou adulto. Enfim, se educação não rima com competição, há que privilegiar a busca da felicidade a partir da cooperação, da solidariedade, do compartilhamento e não da disputa que nos leva, invariavelmente, à anulação e aniquilamento do outro.

Gente – Na EJA, ao contrário da alfabetização de crianças, estamos frente ao que chamamos comumente de "Gente Grande". Isto pode parecer uma obviedade, mas não o é. Gente grande no sentido de que estamos recebendo na escola homens e mulheres adultos. Que trabalham ou estão desempregados(as). Que têm filhos(as), e às vezes netos(as). Enfim, que têm já uma longa vida vivida. Esta é uma das especificidades que, não raro, causa imensas dificuldades para educadores(as) da EJA. Citei neste texto o exemplo da professora que não se conformava em não poder prescrever "tarefas de casa" para seus e suas educandos(as), mesmo sabendo que os mesmos têm todo o seu dia e parte da noite ocupada – quando seus argumentos pedagógicos acabaram ela lembrou que eles(as) tinham o final de semana para estudar!!! Há que ter sempre presente outra obviedade: educandos(as) da EJA são gente e, como tal, merecem toda a atenção, cuidado, felicidade e busca de uma educação que prime pela boniteza. Gente que ao mesmo tempo em que aprende a ler e escrever também cresça e não decresça como pessoa.

Humildade – Se a humildade é um valor, uma exigência para a educação em seus mais diferentes níveis e processos, na Educação de Jovens e Adultos isto se torna uma condição indispensável. E humildade tanto no sentido da relação entre pessoas que estão começando a se conhecer quanto ao que se refere às relações entre educador(a) e educando(a). Se a humildade possibilita a abertura ao reconhecimento do outro como um legítimo outro em sua diferença, ela possibilita, também, que educador(a) e educando(a) aprendam um com o outro. Aprendizado este que acontecerá de forma mais ou menos prazerosa, dependendo da forma como aquele(a) que tem um determinado repertório de conhecimentos e de saberes se mostra receptivo(a) para dialogar com o repertório de conhecimentos e saberes daquele(a) que, no momento, encontra-se na condição de aprendiz. É esta postura de humildade que poderá facilitar a derrubada de algumas das imensas barreiras burocráticas e preconceituosas que historicamente foram se construindo entre aqueles(as) que "sabem" e os(as) que não "sabem". Algumas falas de alfabetizandos(as) – relatadas neste texto – mostraram isto de forma muito evidente. A humildade é um fator decisivo no processo pedagógico, na medida em que é dela que decorrerá a maior ou menor generosidade em aceitar o ritmo de aprender de cada um, bem como leva-nos a tolerar os processos diferenciados de cada educando(a) em vencer sua insegurança, sua timidez, enfim, sua inibição frente ao desconhecido que se lhe apresenta no espaço da sala de aula.

Incentivo – Assim como muitas foram as causas que levaram educandos(as) da EJA a se afastarem da escola na sua infância ou adolescência, muitas são, também, as que os fazem retornar. Um retorno, como vimos em vários depoimentos presentes neste texto, marcado por angústias e por idas e vindas. Um dos maiores desafios para a EJA é não apenas incentivar a chegada deste educando(a) à escola como, a partir daí, incentivar sua permanência. Os índices de abandono na EJA são elevados e as causas diversas. Vão desde o fato de estar desempregado até o fato paradoxal, como também vimos em relatos, de conseguir um emprego. O incentivo à permanência na escola está intimamente relacionado aos fatores de gestão, às políticas públicas e à formação continuada de educadores(as).

Justiça – Como escrevi no início deste texto, a EJA pode ser uma maneira a mais de fazermos um pouco de justiça ao imenso contingente de homens e mulheres que neste país foram alijados do processo educativo. Alijamento este que, sem dúvida, teve um papel decisivo na vida destas pessoas e, em consequência, no alto grau de injustiça social e de exclusão em que hoje ainda vivem milhões de brasileiros e brasileiras. De outro lado, não se trata apenas de cumprimento de uma obrigação formal de fazer uma "reparação de danos", até porque alguns são irreparáveis. Contudo, trata-se, sim, de estabelecer uma relação de fraternidade e solidariedade com estas pessoas que não só foram privados de aprender a ler e a escrever como tiveram sonegadas de si uma dimensão importante de suas vidas que é, segundo Rousseau, o direito ao "segundo nascimento": o nascimento para a cultura através do direito de estudar na escola.

Ludicidade – Esta parece ser uma palavra mágica quando se fala da educação infantil e/ou da educação nos anos iniciais. Contudo, ela não deve ficar restrita a estes níveis do processo educativo escolar. Sem dúvida que a sua importância está consolidada e as atividades com estas etapas da educação escolar – educação infantil e anos iniciais – têm buscado contemplar os aspectos lúdicos e imaginativos das crianças. No entanto, se a infância é, por excelência, o tempo da imaginação, os seres humanos são imaginativos durante todas as etapas de sua vida. A diminuição da espontaneidade (condição para a imaginação) é muito mais uma decorrência da organização escolar e da limitação de certas teorias educativas do que algo intrínseco ao ser humano aprendente. Somos capazes de criar fantasias imaginativas e representacionais a vida inteira. Por outro lado, a importância da dimensão imaginativa não diminui na medida em que avançamos no processo educativo. Não existe comprovação de que a capacidade imaginativa decresce conforme progredimos nos diferentes níveis do ensino escolar. Ao contrário, cada vez mais é consenso que a educação não pode prescindir da imaginação como território privilegiado para a germinação da criatividade. Neste texto fiz menção por várias vezes à necessidade de estarmos atentos(as) às subjetividades e singularidades de cada educando(a) em seu respectivo grupo. Algumas falas de alfabetizandos(as) transcritas são emblemáticas quanto a isto. Num primeiro momento pode parecer um pouco difícil de aceitar, mas o fato de estarmos trabalhando com jovens e adultos não nos libera dos aspectos lúdicos e afetivos envolvidos na educação, particularmente uma educação para um mundo social, ecologicamente mais justo e em paz.

Mudança – Falar de mudança em educação é como falar que somos seres vivos e, como tal, estamos em permanente metamorfose. Contudo, mais que falar, pensar e programar mudanças, há que acreditar nelas. Como não se cansava de dizer Paulo Freire para quem acreditar que a mudança é possível é um dos saberes necessários à prática educativa. São mudanças nos espaços-tempos da escola que precisam ser feitas para receber este(a) educando(a) da EJA. Mudanças nos calendários letivos, que às vezes acabam por inviabilizar o acesso e/ou a permanência na escola de quem trabalha. Mudanças geográficas, na medida em que, se o(a) educando(a) não pode ir até a escola, a escola precisa encontrar meios de ir até ele(a). São mudanças em nossos currículos, estatutos e planos de estudos. São mudanças na nossa formação como educadores e educadoras. Nossa resistência e pouca abertura às mudanças estão entre os tantos fatores que estão a dificultar o trabalho com a EJA. Infelizmente ainda encontramos um bom número de educadores e educadoras bastante resistentes às mudanças nas rotinas da escola. Por outro lado, uma prova de que a mudança é possível está no fato de que ela já começou a acontecer para aqueles e aquelas jovens e adultos que decidiram recomeçar a estudar.

Necessidade – O trabalho docente, ou como diria Miguel Arroyo o *Ofício de mestre*, carrega consigo algumas necessidades básicas e permanentes. Uma delas é a da formação continuada e/ou permanente. A educação de jovens e de adultos já nasceu com esta preocupação na medida em que, na sua formação inicial, são raros os cursos de licenciatura e de pedagogia que contemplam em suas diretrizes curriculares esta modalidade de ensino. Mesmo não sendo esta mais uma das debilidades específicas da EJA ela é uma das mais sentidas. Uma prova disto é que nos depoimentos dos(as) professores(as) é muito frequente a queixa de falta de formação, de conhecimento para trabalhar com a EJA. Uma das formas de enfrentar esta questão é, a meu ver, promover a troca de experiências entre os(as) professores(as) em exercício na EJA. Esta alternativa de formação continuada, aliada às pesquisas que vêm sendo feitas nas universidades e demais instituições de ensino, têm um papel decisivo no sentido de colocar em diálogo as diferentes informações produzidas no decorrer desta experiência de Educação de Jovens e Adultos no Brasil. Estou convencido da importância da troca de experiências entre aqueles e aquelas que estão envolvidos(as) cotidianamente com a EJA. Como procurei demonstrar no decorrer deste texto, algumas das dificuldades e/ou situações encontradas acabam se repetindo em diferentes escolas e níveis do processo educativo, sendo, portanto, pontos que devem ser enfrentados com urgência e com dedicação. De outro lado, a repetição de determinadas situações pode nos servir de sinalização para pesquisas, avaliações e reorientações de nossas práticas educativas. Neste sentido, uma das necessidades permanentes no trabalho com a EJA é que os(as) educadores(as) estejam sempre muito atentos para os eventos do cotidiano da escola, da sala de aula. Enfim, do território de acontecimento da educação escolar.

Organização – De que organização estamos falando quando nos referimos ao trabalho educativo escolar com jovens e adultos? Que características permeiam a EJA e que acabam se confrontando com a organização atual da escola? Estou convencido que muitas das dificuldades enfrentadas pela EJA não decorrem apenas desta modalidade de ensino. Já me referi, por exemplo, às questões de avaliação como um destes exemplos. Contudo, também vejo que algumas características negativas de nossa organização escolar são agravadas quando se trata de Educação de Jovens e Adultos. Uma delas é o fato de que nossas escolas estão organizadas para receber crianças e adolescentes que têm boa parte de seu dia livre para brincar e realizar as ditas "tarefas" escolares ou "temas" de casa. Com a EJA esta é apenas uma das questões que precisam ser tratadas de forma diferente. Parece óbvio dizer isto. Mas não o é. Está relatado em um depoimento de professora (neste texto) sua dificuldade em pensar na possibilidade de não prescrever tarefas extra-aula para seus(as) alunos(as) alfabetizandos(as) adultos. A organização escolar está, cada vez mais, sendo alvo de críticas e de pedidos de reformulações. As ditas "grades" curriculares começam a ser questionadas e, em alguns casos, já começaram a ruir. Talvez uma das grandes contribuições da EJA, para a educação escolar, esteja justamente na demonstração da impossibilidade da atual organização escolar em acomodar este novo contingente de pessoas que têm aportado às suas salas de aula em busca de retomada dos estudos. Os(as) educandos(as) da EJA podem estar se constituindo em agentes de uma reforma da organização escolar, na medida em que, ou ela se repensa, se reorganiza, ou não conseguirá responder às exigências de acolhimento destes novos sujeitos aprendentes que a ela estão chegando.

Participação – Se existe algo que começa a se estabelecer como um consenso entre os(as) educadores(as) da EJA é o da necessidade de envolvimento, de participação de todas as partes envolvidas no processo – professores(as), equipes diretivas e educandos(as). Da mesma forma, as atividades desenvolvidas durante as aulas quando organizadas de forma a propiciar um maior envolvimento e interação entre educandos(as) têm se mostrado muito mais adequadas pedagogicamente. A peculiaridade de estarmos trabalhando com jovens e adultos exige uma atenção especial para a forma como os diferentes conteúdos e programas são apresentados e desenvolvidos em aula. Quanto maior a possibilidade de diálogo proporcionada pelas atividades programadas com as diversidades presentes, maiores são as chances de participação e de envolvimento do grupo. Isto, em verdade, nada mais é que valorizar os aspectos conjunturais e culturais na produção de conhecimento. Outro fator aglutinador e incentivador para os(as) educandos(as) é a presença participante e cooperativa do educador no acompanhamento e orientação das atividades em andamento. O(a) aluno(a) adulto(a), assim como a criança, recebe com muita alegria o assentimento, a aprovação, o elogio do(a) professor(a). Esta participação dedicada, cuidadosa e amorosa é fundamental para a retomada da autoestima, da segurança e da confiança do(a) educando(a) da EJA.

Querer – Se é pertinente a afirmação de que só aprende quem quer, nada mais oportuno que levar isto muito a sério quando se trata do trabalho com Educação de Jovens e Adultos. O querer aprender é algo que, muito frequentemente, está estampado no olhar, no rosto, no sorriso tímido e acanhado, no gesto e na manifestação de alegria que emana de quem pela primeira vez vê as letras que formam seu nome serem por ele reunidas numa palavra que tem um som bem conhecido seu. Quando este querer aprender se encontra com a vontade de alguém que quer ver este desejo se realizando, nós temos não apenas um encontro, mas, sim, uma comunhão. Quando isto acontece nada poderá impedir que o conhecimento aconteça. Criam-se, neste encontro, as condições necessárias para que o ato educativo se dê da forma mais elevada possível. É um momento em que podemos dizer que se realiza a ideia freireana de que ninguém educa ninguém, mas que homens e mulheres educam-se entre si.

Reinventar – Inventar e reinventar. Isto talvez seja o que todo(a) educador da EJA mais tenha que fazer. Reinventar práticas pedagógicas, didáticas e metodológicas de atuação junto aos educandos e educandas. Mas não deve ficar apenas na reinvenção de questões relacionadas a conteúdos e práticas docentes. Há que reinventar hábitos, costumes, valores e, principalmente, a esperança de que sempre é possível aprender. Não que isto seja uma especificidade exclusiva do trabalho com esta modalidade de ensino (EJA). Sem dúvida que reinventar é um desafio para todo(a) educador(a) que se proponha cotidianamente a enfrentar o novo, o inusitado que está sempre à espreita. De outra forma, não é estranho a educadores(as) o fato de que somos seres inacabados e, como tal, nossa vida está em permanente transformação. A EJA está mergulhada nesta teia que é a vida de educandos(as) e de educadores(as). Portanto, reinventar, assim como navegar, é sempre preciso.

Sabedoria – Na Educação de Jovens e Adultos é fundamental que tenhamos sensibilidade para perceber que estamos frente a grupos que são portadores de um imenso repertório de saberes. São grupos carregados de sabedoria. É esta sensibilidade que nos proporcionará abertura para escutar e valorizar os saberes da vida e da experiência de cada homem e mulher em processo de retorno à escola. Tal atitude nada mais é que o exercício da solidariedade. É a construção de conhecimento a partir do reconhecimento do outro. É tomar o ato educativo como uma possibilidade de construção solidária de conhecimento, em contraposição à forma burocrática e bancária em que um ensina e outro aprende. Como vimos, esta letra "S" tem muito a nos lembrar, particularmente em se tratando de criar espaços educativos de convivência em valores.

Tensão – Não é difícil percebermos como o clima de tensão acompanha o trabalho docente em geral e em particular com a EJA. Além das tensões habituais, rotineiras do trabalho de professor(a) – baixos salários, condições de trabalho muitas vezes precárias, excesso de carga horária, carência na formação profissional, etc. –, o trabalho com jovens e adultos exige um esforço ainda maior. Esforço este que vai desde o fato de estarmos frente a uma turma de educandos(as) que, via de regra, já vêm para a aula noturna cansados(as), até questões como medo da escola e do professor(a); timidez pelo seu não saber frente aos demais colegas; representação distorcida do que é a escola e qual sua função no processo de ensino/aprendizagem: insegurança quanto a sua própria capacidade de aprender após uma certa fase da vida. Enfim, se por um lado não há como viver livre de tensões, por outro precisamos construir alternativas minimamente saudáveis e ecológicas para lidar com elas. Sob pena de não só fracassarmos como profissionais da educação, como de não ajudarmos em nada na inclusão de jovens e adultos ao processo educativo escolar.

Urgência – Urgência e urgências é o que não faltam se formos olhar para a educação brasileira em geral e para a educação inclusiva em particular. Neste particular a EJA é uma das urgências urgentíssimas – para usar um reforço linguístico. Não custa lembrar que ainda somos um país de altos índices de analfabetismo, de reprovação escolar, repetência, e, consequentemente, de evasão da escola. Evasão esta que está diretamente relacionada às duas questões anteriormente citadas: reprovação e repetência. Mesmo que estejamos assistindo, na última década, a uma série de medidas no sentido de diminuir a gravidade destas questões, ainda temos muitas urgências pela frente. O grau de urgência que for dado à EJA está diretamente relacionado ao parâmetro de justiça social e econômica que este país terá nos próximos anos e décadas. Como não poderia deixar de ser dito, este grau de urgência está, também, na dependência do planejamento, organização e gestão dos recursos públicos municipais, estaduais e federais que serão alocados para esta modalidade de ensino.

Valores – Por muito tempo a educação pautou-se pela ideia de valores. Posteriormente, por razões as mais diversas, criou-se um certo hiato neste sentido. Discutir valores era, não raro, visto como uma visão conservadora e/ou retrógrada em educação. No entanto, mais recentemente temos assistido a uma retomada da discussão de valores na formação inicial de professores(as), bem como da sua importância para uma prática docente efetiva e afetiva. Contudo, cabe lembrar que valores não se ensinam, como muito bem alerta Humberto Maturana (neste mesmo texto). Neste sentido é que se insiste, em educação, na construção de espaços democráticos e libertários de convivência em valores. Construção, esta, que só se dará pela vivência dos mesmos. Valores, aqui tomados como aquilo que não ensinamos ao outro, mas sim que podemos trocar, partilhar. Enfim, um aprendizado feito em comunhão. A EJA se constitui num território privilegiado para a convivência de valores, na medida em que reúne pessoas de faixas etárias distintas, com diferentes origens étnicas, religiosas, econômicas, enfim culturais. Ao invés de ver nesta característica apenas uma dificuldade a mais, há que estar atento, justamente, para o fato de que esta diversidade pode significar a possibilidade de ampliação, não só das possibilidades de construção de conhecimento escolar, como para a criação de espaços de vida social e ecologicamente mais justos.

Xeque-mate – A Educação de Jovens e Adultos pode estar cumprindo um papel político e pedagógico extremamente relevante neste momento da vida brasileira em geral e dos(as) educadores(as), em particular.

Refiro-me a nos colocar numa posição de *xeque-mate*. Ou seja: como no jogo de xadrez, coloca-nos numa situação-limite. Ou encontramos uma saída para esta imensa injustiça social que é a exclusão da escola de milhares e milhões de pessoas ou nos conformamos definitivamente com o fracasso de nossas estruturas sociais e educacionais. Estão sendo, também, postas em *xeque* nossas fórmulas, cartilhas, metodologias e alternativas milagrosas de resolução dos problemas educacionais. Este *xeque-mate* pode ter um papel educativo decisivo se nos levar a parar e refletir sobre o que até agora fizemos com o que chamamos educação neste país. Este pôr em *xeque* talvez nos remeta a uma postura de maior zelo na tomada de decisões e na formulação das políticas públicas em educação.

Zelo – Para encerrar, queria confessar que de início tive receio de concluir desta forma este texto. Receio este que tem a ver com o *zelo* que tenho pelo trabalho com a Educação de Jovens e Adultos. Ao mesmo tempo em que estamos à procura de alternativas que melhorem nossa EJA temos que ter o maior cuidado, temos que *zelar* para não sucumbirmos à tentação da adoção de receitas e respostas prontas. Assim como nas demais modalidades e fases do processo educativo, o trabalho com jovens e adultos não precisa de receitas e fórmulas acabadas. Se por um lado estamos ainda tateando em muitas questões, já se tem um caminho percorrido. Acredito que é no olhar cuidadoso para este percurso feito que poderemos encontrar algumas das possíveis respostas para nossas dúvidas e angústias de educadores e educadoras. Se por um lado o trabalho com a formação de professores(as) da EJA se constitui num imenso desafio, por outro ele nos proporciona grandes alegrias. São alegrias que aparecem nas falas de inúmeros(as) educadores(as) quando relatam suas experiências na EJA. Não é difícil encontrar professores(as) que confessam não querer mais deixar o trabalho com jovens e adultos. São frequentes, também, os casos de professores(as) que redescobriram o prazer e o gosto pelo trabalho docente depois que começaram a trabalhar com a EJA.

Portanto, estes pontos aqui apresentados não devem ser vistos como mais uma cartilha. De minha parte, espero que sejam tomados apenas como palavras que poderão entrar – ou não – na composição das poesias e versos dos(as) menestréis pós-modernos da Educação de Jovens e Adultos. Espero, também, que sejam pontos de partida para novas trilhas a serem construídas e jamais portos seguros de chegada.

Faço questão de ressaltar que não precisamos de receitas para conseguir, minimamente, dar conta desta imensa e generosa tarefa que é contribuir para que homens e mulheres brasileiros, historicamente esquecidos e excluídos deste mundo mágico do ler e escrever, comecem a sentir o imenso prazer em fazer esta maravilhosa viagem que é o mergulho no mundo das letras. Como muito bem disse o poeta e ensaísta mexicano Octávio Paz (1994: 296) "A leitura é uma viagem que se faz com o corpo quieto e a alma agitada". Nesta viagem, tanto se faz a leitura das palavras quanto do tecido que faz o mundo ser o que ele é. O mundo em que cada um de nós vive e viabiliza a própria existência.

Neste fragmento de mundo que é o espaço educativo escolar, o que acontece não é muito diferente. A pertinência disto pode ser sentida no que falou Paulo Freire no seu último livro:

> O espaço pedagógico é um texto para ser constantemente "lido", interpretado, "escrito" e "reescrito". Neste sentido, quanto mais solidariedade exista entre o educador e educandos no "trato" deste espaço, tanto mais possibilidades de aprendizagem democrática se abrem na escola (FREIRE, 1996: 109).

Com este fragmento dou uma pausa neste texto e vou ficar esperando o resultado das leituras que dele forem feitas. Uma espera como aquela da caminhada errante do menestrel nordestino Patativa do Assaré que: *veve vagando/com sua viola/cantando, pachola, a percura de amô...*

Referências bibliográficas

ARENDT, A. *Entre o passado e o futuro*. São Paulo: Perspectiva, 1997.

ARROYO, M.G. *Imagens quebradas* – Trajetórias e tempos de alunos e mestres. Petrópolis: Vozes, 2004.

______. *Ofício de mestre* – Imagens e autoimagens. Petrópolis: Vozes, 2004.

ASSARÉ, P. "O poeta da roça". *Revista Discutindo Literatura*, ano 1, n. 1, dez./2004. São Paulo: Escala.

BARCELOS, V.H.L. Educação ambiental e Educação de Jovens e Adultos – Ampliando espaços de cidadania e de inclusão. Erechim, 2004 [Anais do III Simpósio Gaúcho de Educação Ambiental – Encontro da Rede Brasileira de Educação Ambiental (Trabalho completo)].

______. *Império do terror*: um olhar ecologista. Porto Alegre: Sulina, 2004, 174 p.

______. *Escritas reais... escrituras imaginárias* – Representando o lugar da formação de professores(as). Curitiba, 2004 [Anais da Mesa-redonda ANPEDsul/2004]. Curitiba.

______. *Educação ambiental e Educação de Jovens e Adultos* – "Lendo" e "interpretando" o mundo como um texto. Santa Maria, 2003 [Anais do Fórum Cenas do Cotidiano Escolar – Os saberes dos professores (Trabalho completo)].

______. *(Re)vivendo e (re)aprendendo com Paulo Freire*. Santa Maria: UFSM, 2003 [Anais do Congresso Reorientando a Formação de Professores – Perspectivas para o ensino].

______. "O texto literário e as representações sociais: uma alternativa metodológica em educação ambiental". *Revista de Ciências Humanas*, Série especial temática, 2002, p. 259-268. Florianópolis.

______. *Texto literário, ecologia e educação ambiental* – A contribuição das ideias de Octávio Paz às questões ecológicas contemporâneas. Florianópolis, 2001 [Tese de doutoramento – Educação].

______. "Representando o mundo através do texto literário: uma alternativa metodológica em educação ambiental". *Revista Educação*: teoria e prática, vol. 9, n. 16-17, 2001, p. 1-15. Rio Claro.

BOAL, A. *Hamlet e o filho do padeiro* – Memórias imaginadas. Rio de Janeiro: Record, 2000.

BORGES, J.L. *Nueva refutación del tiempo* – Vol. II: Obras completas. Barcelona: Emecé.

BRANDÃO, C.R. *O que é Método Paulo Freire?* São Paulo: Brasiliense, 1981.

DE LEÃO, D.O. *Professoras alfabetizadoras*: suas representações e vivências com a leitura e a escrita. Santa Maria: PPGE/UFSM, 2004 [Dissertação de mestrado].

FLEURI, R.M. *Educar para quê?* – Contra o autoritarismo da relação pedagógica na escola. São Paulo: Cortez, 1989.

FREIRE, P. *A importância do ato de ler*. São Paulo: Cortez, 2003.

______. *Ação cultural para a liberdade*. São Paulo: Paz e Terra, 2002.

______. *Cartas a Cristina* – Reflexões sobre minha vida e minha práxis. São Paulo: Unesp, 2001.

______. *Pedagogia dos sonhos possíveis*. São Paulo: Unesp, 2001.

______. *Pedagogia da indignação*. São Paulo: Unesp, 2000.

______. *Pedagogia da autonomia* – Saberes necessários à prática educativa. São Paulo: Paz e Terra, 1996.

______. *Política e educação*. São Paulo: Cortez, 1993.

______. *Educação e mudança*. São Paulo: Paz e Terra, 1979.

______. *Pedagogia do oprimido*. Rio de Janeiro: Paz e Terra, 1970.

GAUTHIER, C. *Por uma teoria da pedagogia* – Pesquisas contemporâneas sobre o saber docente. Ijuí: Unijuí, 1998.

GAUTHIER, J. *Uma pesquisa sociopoética* – O índio, o negro e o branco no imaginário de pesquisadores da área de educação. Florianópolis: EDUFSC, 2001.

GAUTHIER, J. & SANTOS, I. *Enfermagem*: análise institucional e sociopoética. Rio de Janeiro: Anna Nery/ UFRJ, 1999.

GIL, G. *Todas as letras*. São Paulo: Companhia das Letras, 1996.

GROSSI, E.P. *Paixão de aprender*. Petrópolis: Vozes, 1992.

HOFFMANN, J. *Avaliação*: mitos e desafios – Uma perspectiva construtivista. Porto Alegre: Educação & realidade, 1993.

INFANTE, C. *Infanteria* – Obras completas. México: Fondo de Cultura Económica, 1999.

KOHL, M. de O. *Jovens e adultos como sujeitos de conhecimento e aprendizagem* [s.n.t.].

LAJOLO, M. *Do mundo da leitura para a leitura do mundo*. São Paulo: Ática, 2000.

LARROSA, J. "Notas sobre a experiência e o saber de experiência". *Revista Brasileira de Educação*, n. 19, jan.-abr./2002, p. 20-29. Campinas.

______. *Pedagogia profana* – Danças, piruetas e mascaradas. Belo Horizonte: Autêntica, 2000.

______. "Elogio do fogo – Uma imagem do estudante e duas histórias assídicas sobre a transmissão e a renovação". *Revista Paixão de Aprender*, n. 9, 1995, p. 84-90. Porto Alegre.

LÜDKE, M. *O professor e a pesquisa*. Campinas: Papirus, 2001.

MADEIRA, M. "Representações sociais e educação: importância teórico-metodológica de uma relação". In: MOREIRA, A.S.P. (org.). *Representações sociais*: teoria e prática. João Pessoa: Ed. Universitária, 2001.

MATURANA, H.R. *Emoções e linguagem na educação e na política*. Belo Horizonte: UFMG, 1998.

______. *A árvore do conhecimento* – As bases biológicas do conhecimento humano. Campinas: Workshopsy, 1995.

MATURANA, H.R. & REZEPKA, S.N. *Formação humana e capacitação*. Petrópolis: Vozes, 2002.

MORIN, E. *Pra sair do século XX*. Barcelona: Kairós, 1981.

OLIVEIRA, V.F. *Imaginário social e escola de Segundo Grau*. Ijuí: Unijuí, 1997.

PAIVA, J. "Educação de Jovens e Adultos: questões atuais em cenário de mudanças". In: BARBOSA, I. & PAIVA, J. (orgs.). *Educação de Jovens e Adultos*. Rio de Janeiro: DP&A, 2004.

PAZ, O. *Itinerário*. México: Fondo de Cultura Económica, 1994.

______. *Obras completas*. Vol. I. México: Fondo de Cultura Económica, 1994 [13 vol].

PERRENOUD, P. *Escola e cidadania* – O papel da escola na formação para a democracia. Porto Alegre: Artmed, 2005.

RANGEL, M. *Representações e reflexões sobre o "bom professor"*. Petrópolis: Vozes, 2001.

SANTOS, B.S. *A crítica da razão indolente* – Contra o desperdício da experiência. São Paulo: Cortez, 2000.

SANTOS, G.L. "Educação ainda que tardia – A exclusão da escola e a re-inserção de adultos das camadas populares em um programa de EJA". *Revista Brasileira de Educação*, n. 24, set.-dez./2004.

TARDIF, M. *Saberes docentes e formação profissional*. Petrópolis: Vozes, 2002.

UNAMUNO, M. *Antologia*. México: Fondo de Cultura Económica, 1964.

EDITORA VOZES LTDA.
Rua Frei Luís, 100 – Centro – Cep 25689-900 – Petrópolis, RJ
Tel.: (24) 2233-9000 – Fax: (24) 2231-4676 – E-mail: vendas@vozes.com.br

UNIDADES NO BRASIL: Belo Horizonte, MG – Brasília, DF – Campinas, SP – Cuiabá, MT
Curitiba, PR – Fortaleza, CE – Juiz de Fora, MG – Petrópolis, RJ – Recife, PE – São Paulo, SP